コミュニケーション支援のフィールドワーク

神経難病者への文化心理学的アプローチ

日髙友郎
Tomoo Hidaka

Fieldwork of communication support:
cultural psychological approach to the persons
with neural intractable disease

ナカニシヤ出版

はじめに

「病い」と言えば「治すもの」「治るもの」と思う人も多いかもしれない。少なくとも，「病気になって幸福だ」と考える人はあまりいないのではないだろうか。それでは，「治らない」病い─治療法が確立されていない，いわゆる「不治の病」─を患ってしまったらどうなるだろう。多くの人は「不幸」，あるいは「怖い」という印象を持つのではないだろうか。

こうした重篤な病いは一般に「難病」と呼ばれている。多くの研究者が治療法を見つけるために日々，研究を重ねている。一方で，難病患者は重篤な症状に直面しながら，現に今も生活を営んでいる。したがって，「治す」ための研究を進めていくのと同時に，「たとえ明確に『治った』状態にならずとも，日々を充実した形で営んでいく」ための支援という道筋が追求されても良いはずである。

病いは，医学だけでなく，心理学をはじめとした人文社会科学における研究テーマとしても成立している。病いそのものに焦点を当てるのではなく，「病いとともに生きること」とはどういうことなのか，どのように実践されるのか，といった視点に基づいた研究が徐々にではあるが生み出されつつある。

本研究において焦点を当てるのは，重篤な神経難病である筋萎縮性側索硬化症という病いとともに生きる人である。筋萎縮性側索硬化症の略称は「ALS」である。もしかすると，略称の方が聞き覚えのある人も多いかもしれない。世界的に著名な宇宙物理学者であるスティーブン・ホーキング博士もALSを患う一人である。また，2014年夏には「ALSアイスバケツチャレンジ」（ALS患者と患者団体を支援する募金イベントであり，バケツに入った氷水を頭からかぶるか，またはALS患者会に寄付をする運動）で一般にも広く病名を知られることになった。日本国内においては，さらに，2014年1月から3月にかけてALSを扱ったドラマも放映された。

ALSは全身の随意筋の機能不全を伴う進行性の神経難病である。呼吸を司

る筋肉が冒されれば，呼吸ができなくなる。人工呼吸器装着のために患者は気管切開をし，不可逆的に声を失う。そのために，音声言語に変わるコミュニケーション手段を探る必要が出てくる。本書のタイトルにもある「コミュニケーション支援」とは，このように，音声言語を喪失した人々に代替的な手段でのコミュニケーションが可能となるように支援することを指している。

　コミュニケーション支援とは具体的にはどのようなものなのだろうか。また，コミュニケーション支援によってもたらされるのは何なのだろうか。この点を明らかにするために，本研究ではマイクロ・エスノグラフィという技法を採用している。フィールドワークに基づき，実際にALS患者の自宅を訪問し，時にはフィールドノートを付け，時にはインタビューをするなどしながら，生活の有様を記述したり，コミュニケーション支援の実際を描き出していく技法である。さらに，マイクロ・エスノグラフィによって記述されたデータをさらに深く分析し，ALS患者や患者家族などの当事者にとってのコミュニケーションの意味に迫るために，文化心理学的アプローチをとる。文化心理学はロシアの心理学者ヴィゴツキー（L. S. Vygotsky）の着想に基づき，ヴァルシナー（J. Valsiner）らによって理論的に体系化された心理学の一領域である。個別の事例の丁寧な記述から，一般化しうる知見を生み出すという困難な課題に挑戦するうえで，文化心理学は有用な概念と技法を提供してくれる。

　本書では，人文社会科学の視点から，ALS患者のコミュニケーション支援を読み解く。さらにコミュニケーション支援のための実践も行うことにより，ALS患者をはじめとした神経難病者，コミュニケーション障害者のための支援モデルを提案する。

目　次

はじめに………………………………………………………… i

第1章　神経難病者の在宅療養の発展とその問題点……………… 1
　　第1節　神経難病者とその生活………………………………… 1
　　第2節　先行研究・実践における神経難病者支援の現状……… 9
　　第3節　神経難病者支援の問題点および支援のための方策…… 15

第2章　難病者の生を捉えるための理論的・方法論的な基盤…… 19
　　第1節　神経難病者の在宅療養に対する文化心理学的アプローチ
　　　　　………………………………………………………… 19
　　第2節　病者の「生（ライフ）」を記述するメソドロジーとしての
　　　　　マイクロ・エスノグラフィ……………………………… 21

第3章　本研究の目的…………………………………………… 27

第4章　難病在宅療養のマイクロ・エスノグラフィー本研究のフィールド
　　　………………………………………………………………… 29
　　第1節　本研究におけるフィールド………………………… 29

第5章　研究1：在宅療養におけるALS患者のコミュニケーション支援の
　　　　実際……………………………………………………… 31
　　第1節　問題と目的…………………………………………… 31
　　第2節　方　　法……………………………………………… 35
　　第3節　結果と考察（分析1）………………………………… 39
　　第4節　結果と考察（分析2）………………………………… 52
　　第5節　総合考察……………………………………………… 61

第6章　研究2：ALS患者のリアルタイムコミュニケーション可能性の検討……65

- 第1節　問題と目的……65
- 第2節　方　　法……69
- 第3節　結果と考察……73
- 第4節　総合考察……85

第7章　研究3：病者の経験を伝えるためのコミュニケーションのあり方：ファシリテーション機能の解明……87

- 第1節　問題と目的……87
- 第2節　方　　法……91
- 第3節　結果と考察……94
- 第4節　総合考察……107

第8章　研究4：病者アドボカシー企画の運営と意義の変容過程：複線径路・等至性モデルによるALS患者参加型企画の分析……111

- 第1節　問題と目的……111
- 第2節　方　　法……115
- 第3節　結果と考察……119
- 第4節　総合考察……129

第9章　総合考察……133

- 第1節　在宅療養の実態とコミュニケーションの記号的意味（研究1について）……133
- 第2節　ALS患者の沈黙に対するとき（研究2について）……135
- 第3節　身体を持ち寄って交流すること（研究3，研究4について）……136
- 第4節　研究過程の提示と研究協力者の実名使用の意義……137
- 第5節　総括：実態・実践・情報発信を一体とした支援モデルの提案，および生（ライフ）の厚い記述に向けて……142

謝　辞………………………………………145
引用文献………………………………………147
索　引………………………………………163
初出一覧………………………………………170

コミュニケーション支援のフィールドワーク：
神経難病者への文化心理学的アプローチ

Fieldwork of communication support:
Cultural psychological approach to the persons
with neural intractable disease

日髙友郎

第1章

神経難病者の在宅療養の発展と
その問題点

第1節　神経難病者とその生活

1．難病の定義と歴史的な背景

　「難病」という語は，「治りにくい病気」を意味する日常語であるとともに，以下4点の条件を満たす疾患を意味する行政用語としての側面も持つ。すなわち，①稀少性（患者数が概ね5万人未満），②原因不明，③効果的な治療法未確立，④生活面への長期にわたる支障（長期療養を必要とする），の4項目を充たすものである（厚生労働省，1995；葛原，2013）。したがって，たとえば，日本の死因の第1位である「悪性腫瘍」の多くも，また全国に200万人存在すると推定されるアルツハイマー症も，いずれも困難な病いであるが，稀少性という点において「難病」には含まれないとするのが一般的である（金澤，2011）。

　現行の制度（2015年時点）において難病は，医学的調査研究（原因の解明，治療法の確立等）の対象となっているものが130疾患，治療研究（医療費の公費負担）の対象となっているものが約300疾患，指定されており，後者については「特定疾患」と呼ばれる。特定疾患とともに生きる人々の数は，2015年度で150万人と推定されている（厚生労働省，2014）。難病の分類については，症状の生じる部位や機能に基づいたものが，行政上の区分として用いられている（表1-1）。難病に係わる政策や社会基盤整備についての課題として，希少性が高い故に治療や医薬品開発の発展に必要な情報が集まりづらいという点（葛原，2013）や，類似の症状を示す病いであっても難病指定されるか否かで公費補助などの支援において差異が生じてしまうという点（葛原，2013；金澤，2011），そして難病研究や医療費に係わる財政上の負担を見据えたうえでの制

表1-1 疾患群別に見る難病の一覧（難病情報センター（2015）に基づき，筆者が整理したもの）

疾患群	疾患の具体例
血液系疾患	再生不良性貧血，原発性免疫不全症候群　他
免疫系疾患	ベーチェット病，悪性関節リウマチ　他
内分泌系疾患	先端巨大症，クッシング病　他
代謝系疾患	原発性高脂血症，アミロイドーシス　他
神経・筋疾患	クロイツフェルト・ヤコブ病，筋萎縮性側索硬化症　他
視覚系疾患	網膜色素変性症，難治性視神経症　他
聴覚・平衡機能系疾患	メニエール病，突発性難聴　他
循環器系疾患	肥大型心筋症，ミトコンドリア病　他
呼吸器系疾患	特発性間質性肺炎，サルコイドーシス　他
消化器系疾患	潰瘍性大腸炎，クローン病　他
皮膚・結合組織疾患	表皮水疱症（接合部型および栄養障害型），膿疱性乾癬　他
骨・関節系疾患	後縦靱帯骨化症，特発性大腿骨頭壊死症　他
腎・泌尿器系疾患	難治性ネフローゼ症候群，多発性嚢胞腎　他
スモン	スモン

度の安定性の点（金澤，2011）などが盛んに議論されている。

　一方，難病者一人ひとりの生活という点に目を向けると，これら「難病」に含まれる一つひとつの疾患は，主たる症状，障害を受ける部位，生命予後などにおいて極めて多様であるために，一言に難病者全体の実際について言及することは難しい。日本全国の難病者を対象とした，数少ない全国規模の質問紙調査においては，難病者の日常生活においては疾患特有の症状に対するだけでなく，多くの周辺の不快な事象（合併症や二次障害，就労と収入の問題，通院の時の交通手段や移動介助）が大きな課題になっていることが示唆されている。また難病者本人の立場から，日常生活で生じる難病者の心理社会的な困難を指摘するものもある。難病の中でも内臓疾患などの場合においては，病いが外見から判断がつかないために，他者から理解されず必要な支援を得づらく，社会

からの疎外を生じてしまうこと（赤阪・日高・サトウ，2011）や，「難病」の指定から漏れ落ちた難病者やその家族の生活困難に対する支援が制度的に不足しがちであり，生活に根ざした支援が求められること（白井，2013）などが挙げられる。日常生活の中の心理社会的な側面も捉えたうえで，難病者の実生活に資する支援を実現していくことが求められている。

実は，こうした難病者の「生活」への視点は，日本における難病対策の始まりの時点から現在に至るまで，難病者支援において重視されてきた歴史を持つ。それにもかかわらず，難病者やその家族の生活を理解することは，いまだに困難な課題であり続けてもいる。難病治療のための医学的研究はもちろん重要である。その成果が日々産出されている一方で，療養生活が立ち行かないばかりに，難病者と介護家族における心中などのような事態も生じている現実がある（e.g., 朝日新聞，2004，2011）。「難病とともに生きる」とはどのようなことを指すのかを問い直し，その視点から難病者の生活を捉え，必要な支援のあり方についての検討を行うことが必要と考えられる。

本項においては，難病の定義と，難病支援における課題について，主に政策的・制度的な視点から説明した。次いで，難病対策の歴史的背景に焦点を当てて，近年の難病者，特に神経難病者への支援の展開と，神経難病のより具体的な例を挙げ，現状を整理する。

2．難病対策の歴史的展開と，神経難病の代表例としてのALS

治りづらく，生命に係わる疾病という一般的な意味での難病は，もともとは結核をはじめとした感染症を指すものであった。近代の日本においては結核，脚気，梅毒，日本脳炎といったものが該当しており，行政の疾病対策という点でも「社会防衛」（隔離，収容等の私人の権利・利益の侵害を伴う行政行為を実施することを含む）に主眼が置かれたものであったことが指摘されている（衛藤，1993）。医療の発展とともに，治療法や予防法が確立されたことで，これらの感染症の脅威は低減された。翻って，現在の難病（特定疾患）は，患者数も少なく，かつ非伝染性の疾患で構成されている。現在の難病対策は，1972年の難病対策要綱に端を発するが，その前後の時期にどのような出来事があり，何が難病対策とその支援において課題とされたのかについて，整理しておく必要

があるだろう。

　難病対策の前史と呼ぶべきものは，1960年代の経済発展に伴う医療・福祉への関心の拡大と，その背景にある患者運動である（芝池・小川，1978；川村・川口，2008）。1960年代の日本における高度経済成長および医療の発展は，感染症の減少を促進するとともに，慢性的・難治的な疾患とともに生きる多くの人々への生活支援という新たな課題を生み出した。四肢麻痺や視力障害など，神経への症状を引き起こす薬害であるスモンは，患者会の組織化および患者の生活支援の要請という二点において，後の難病対策に繋がる「口火」（芝池・小川，1978）として位置づけられている。スモンは当初，伝染病と認識され報じられた（朝日新聞，1966）ことから，その症状に由来する困難だけでなく，就業，結婚，貧困，自殺といった社会生活上の問題（疎外）までも引き起こすこととなった。この事態は，スモン患者の交流と互助を促進する面もあり，患者組織（全国スモンの会）が形成された。1970年3月に提出された，全国スモンの会による行政に対する要望は，病気の原因究明と治療法の開発，医療費の負担軽減，保健社会学研究班の設置（人文・社会科学的視点からの研究）の3点であった（川村，2009）。さらに，その対象をスモンだけでなく，医療と福祉の恩恵を受けられない人々を「難病」「奇病」「社会病」などと総称して救済が必要であると訴えたことに加え，1970年8月に全国スモンの会は他の神経病者の組織とともに全国的な難治性疾患の患者会（全国難病団体連絡協議会）を組織するに至った。また同1970年には東京都において，都立神経病院の設立が決定されるなど，疾患の原因究明と治療にかかる専門的な医療機関の整備が進んでいった。

　1972年に成立した難病対策要綱においては，「調査研究の推進」「医療施設の整備」「医療費の自己負担の解消」が対策の柱として設定されている。これらはスモン対策における患者会の要望を踏襲したものである（酒井，1972；藤田，2014；川村・川口，2015）。また難病対策要綱においてはスモンを含む4疾患が特定疾患として指定されており，スモン対策をきっかけとしながらも，支援の対象となるべき疾患がより広く指定されていることがわかる。「神経に症状が生じ，生活に支障をきたす」という点で繋がりを得た，スモン患者会ならびに他の神経病者の組織化が，日本における難病対策の根幹にあることは，医学

史的にも妥当な見解として位置づけられている（芝池・小川，1978）。

　その一方で研究者が，神経難病者の生活実態調査という形で，難病者支援に果たしてきた役割も大きい。スモンについては，1969年に調査が行われており（川村，2002；川村・川口，2015），生活上の課題として，経済的問題（77.4%），身近な専門医療の不在（51.3%），社会的疎外（39.9%）などが示され，課題を持たないスモン病者の数は極めて少なかったと報告されている。またスモン以外の，在宅生活を営んでいる難病者を対象とした調査としては，東京都において実施されたものがある（木下・山手・山岸・関野，1974，1975）。さらに難病者全体を対象とした，国を単位とした初期の調査では，神経病の一つである筋萎縮性側索硬化症（Amyotrophic Lateral Sclerosis；ALS）に注目が集まっており，ALS患者のうち医療機関に入院している者が，ほんの数人に過ぎず，専門的な治療を受けることが極めて困難な状況にあったことが示唆されている（川村，1976；山手，1976）。こうした研究の知見は，行政による難病者支援においても貴重な資料として用いられた経緯がある。

　前述のALSは，神経病であるという点でスモンなどとの共通点も多く，またその症状と介護負担の苛酷さも相まって，難病対策の初期から注目され，多くの研究者が研究と支援に携わってきた病いでもある。また，ALSに特有の症状や生活上の課題を検討するだけでなく，ALSを神経難病の代表例として位置づけることで，ALS以外の（神経）難病においても通用する知見を導き出す試みが，難病対策の始まった当初から精力的に行われてきた（e.g., 福田，1975）。ALSとともに生きるうえで，生じる問題とは何か。また，研究者はALSの，あるいはALS患者やその家族のどのような点に関心を持ち，研究を行ってきたのか。これらの点を把握するためには，まずALSがどのような病いであるのかを理解する必要があるだろう。

3．ALSとは—音声言語の喪失と長期療養

　筋萎縮性側索硬化症（ALS）は，身体を動かすための神経系（運動ニューロン）が変性することにより，筋肉が萎縮し，やがて運動機能を喪失する進行性・難治性の病いである。症状が出ても知覚神経，意識，知能は正常に保たれることが知られている（宮嶋，2006；日本ALS協会，2007）。特定疾患である

33の神経筋疾患の中では，多発性硬化症，重症筋無力症に続き，3番目に指定されており（1974年10月），国の難病対策の中でも初期から対象となっていた病いの一つである（難病情報センター，2015）。2015年現在の日本では，約9000名のALS患者が存在しており，男性患者数が女性患者数に比べて1.3倍程度多いことが知られている。また，40歳代以降の発病が患者全体の80%以上を占める。

以下，林（2005）の報告をもとに，ALSの症状について概観する。ALSではすべての随意筋に障害が生じる可能性があるが，その障害の程度や進行過程などは個人差がある。随意筋の障害とそれによって現れる症状については以下の5点にまとめられる。第1に手足を動かし身体を移動させる四肢体幹筋群であり，「手でものがつかみにくい」などの症状が出る。第2に球筋群であり，これは顔面の表情筋と咀嚼などに働く橋筋群と，飲み込み（嚥下）や発声・発語に働く延髄筋群とに分けられる。症状としては，喋りづらさや嚥下の障害などが出る。第3に覚醒時の随意呼吸と睡眠時の自律性呼吸に関与する呼吸筋群であり，症状としては換気不全に由来する睡眠不足（睡眠障害）などが出る。第4に眼球運動やまぶたを動かす外眼筋群であり，眼球の動きに障害が生じる。第5に情動運動系の障害であり，情動的な表現をする表現筋が抑えられないために過度に泣いたり（強制泣）笑ったり（強制笑）する症状が出る。

以上に挙げた障害とそれに伴う症状のうち，外眼筋群の障害は近年になって存在が認められてきたものである。ALSは，1869年にシャルコー（J. M. Charcot）によって初めて報告されて以来，呼吸筋麻痺までの対応と治療が考えられてきた。これを林（2005）は「今までのALS観」と呼ぶ。これに対して1980年代に入り，人工呼吸器の発展などにより，呼吸筋障害が生じた後でも療養が可能になった。このことから，呼吸筋麻痺後の経過を含めてALSの医療・ケアを発展的に考えていく見方を「今までのALS観」に対して「新しいALS観」と呼ぶ。人工呼吸器の装着を行わない場合，ALSの患者の平均余命は発症から2-4年であるが，人工呼吸器を利用する場合には10年程度の生存が可能になることが示されている（木村，2014；佐藤，1995）。

一方で「新しいALS観」においては，人工呼吸器装着に伴う「音声言語の喪失」という新たな問題も生じている。人工呼吸器の装着方法は，気管切開を伴

うもの（tracheostomy positive pressure ventilation；気管切開後の人工呼吸器装着）と伴わないもの（non-invasive positive pressure ventilation；非侵襲的陽圧換気）に大別されるが，ALS 患者の 95.6% は前者であるとされる（川村，2004）。気管切開によって失われるのは音声言語である。つまり生命を維持するための選択が，不可逆的に音声言語の喪失を伴うという，極めて過酷な状況に，ALS 患者は置かれる。そのため，残存している様々な身体部位や機能（眼球運動等）を駆使して意思疎通の方法を図ることとなるが，究極的には一切の運動機能を喪失し，他者との交流手段を失う状態（Totally locked-in state；TLS）に陥ることもある。

また，川村（2003）による 2002 年度の調査では，患者約 6,000 名のうち人工呼吸器利用者が約 1,500 名，そのうち在宅療養者が約 700 名とされている。全国調査によって，日本における人工呼吸器利用の ALS 患者の数はおよそ 30% 前後と推定されており（川村，2004；川村，2007），これは諸外国と比較しても非常に高い値であることが示唆されている（祖父江，2006）。呼吸器装着患者の介護を行っている家族は未装着者の家族に比べ，介護疲れを訴える割合が有意に高いという報告もある（隅田，2004）。つまり，人工呼吸器の装着が必要な，重篤な状態の者の多くが，在宅療養を行っているという現状である。かつて，神経難病者の「在宅療養」は専門的医療の不足を意味していた（川村，1976；山手，1976）。しかし現在では，「医療費適正化」に代表される政府方針が医療費削減のために導入されている背景もあり（土佐，2008），人工呼吸器を利用している神経難病患者などの全面的な看護や介護が必要な者であっても，長期入院が抑制され，在宅療養への移行が進んでいる（山本，2007）。

このように，現在は，人工呼吸器の装着を伴った（在宅での）長期療養において，ALS 患者の意思疎通をいかに支援するかという課題が深刻化している。ALS の障害の程度や進行過程などには個人差があることに加え，生活様式や家族形態，支援者の役割なども多様な形を取りうることが想定される。こうした背景から，現在では行政，患者会，そして研究者など，様々な立場からの研究と支援が追求されている。

4．行政的支援の不十分さと患者会の尽力―心理社会的支援の可能性

　ALS患者に対する行政的支援は，治療費の公費負担だけでなく，福祉および介護の観点からも図られている。関連する法制度は細分化されており，実際の利用においては複数の制度的支援（電子政府，2014a，2014b，2014c）を組み合わせることが行われる。

　行政的支援は在宅生活の支援と，意思伝達の支援に大別することができる。在宅生活の支援については，ホームヘルパーの要請（ホームヘルプサービス），重度訪問介護，入浴介助などの形で実施されている。また，意思伝達の支援においては，意思伝達装置と呼ばれる機器の給付，貸与，購入費用の一部公費負担などが実施されている。ALS患者においては，症状に伴って（重度の）身体障害を生じる者として，気管切開が必要になる前からの機器の提供が可能となっている（厚生労働省，2014）。進行の，なるべく初期の時点から機器に習熟することで，進行とともにいずれ訪れるであろう「音声言語の喪失」という事態に備えられるようにすることが重要な課題として位置づけられている。

　一方で，制度だけでは支援しきれない困難も数多い。特に患者や患者家族の心理社会的な側面に注目した支援は事実上，制度の埒外に置かれている。呼吸器装着および気管切開による音声言語の喪失という事態を例に挙げよう。手足などの身体の動きが著しく制限され，そのうえに音声言語を喪失するという恐怖，不安，葛藤が，想像を絶する激しいものであることは，患者本人や患者家族などによる語りによって鮮明に示されている（立岩，2004）。また，ALS患者をクライエントに持つ臨床心理士の報告においては，呼吸器装着は家族でもタブー視される（森，2005）との指摘もある。病いの進行とともに生じる身体的・心理的な変容は，病者本人だけでなく家族などの周囲の人々とっても大きな課題となるが，行政的な支援においては顧みられることのない点である。

　この事態に対しては，患者会による活動や，患者自身による闘病記等の発信が大きな役割を果たしてきた。大坂（2008）は難病者の患者会について整理し，病歴の浅い病者が病歴の長い病者の経験を聞くことで孤立感を低減できること，実際の療養の仕方などの教育的支援を受けられること，仲間を支援することで自分自身（病者自身）も支援されること，などの機能があるとしている。またALS患者の患者会においては，全国組織のみならず，都道府県ごとの支部が存

在しており，定例のニュースレター発行による会員の相互交流・情報交換，患者交流会の開催，さらには意思伝達装置の操作指導や工夫についての訪問指導など，多岐にわたる支援が実施されている（e.g., 小林，2010）。

　このように神経難病者に対する心理的支援については，患者会などによる「草の根」の取り組みが中心的なものとなっている。また，心理学的な観点から，神経難病者の研究に取り組んでいる例もある。ALS について代表的なものを挙げれば，「コミュニケーション」に焦点を当てた研究と，「病いの経験」に焦点を当てた研究である。これら2つの例については，次項において集中的に検討するものとする。

第2節　先行研究・実践における神経難病者支援の現状

1．先行の研究を捉える枠組み

　ここで ALS 患者および患者家族や介護者への支援を目的とした心理学的な先行研究を概観しておきたい。研究目的が「影響する要因や介入効果の検討／家族を含めた当事者にとっての意味の探求」と，その研究が「難病者（ALS 患者）の経験に焦点を当てているか／病いのコミュニケーションに焦点を当てているか」という2つを軸にして，表1-2のごとく整理した。

　表1-2のⅠは影響する要因や介入効果の検討を目的とした研究であり，経験に焦点を当てたものである。Ⅱは家族を含めた当事者にとっての意味の探求を目的した研究であり，病いの経験に焦点を当てたものである。Ⅲは影響する要因や介入効果の検討を目的とした研究であり，コミュニケーションに焦点を当てたものである。そしてⅣは本研究において検討するものであり，家族を含めた当事者にとっての意味を探求することを目的としながら，コミュニケーションに焦点を当てた研究として位置づけられる。

　以下，ⅠからⅣまでの先行研究を順に概説する。そのうえで，家族を含めた当事者にとっての意味を探求することを目的として，コミュニケーションに焦点を当てた研究を実施する意義と位置づけについて明確にしたい。なお，表中Ⅳの箇所については，次節（第3節）において，研究の意義を含め検討するものとする。

表1-2　ALS 患者および患者家族や介護者への支援を目的とした心理学的な先行研究

		研究目的	
		影響する要因や介入効果の検討	当事者にとっての意味の探求
研究の焦点	経験	Ⅰ	Ⅱ
	コミュニケーション	Ⅲ	Ⅳ（本研究の検討課題）

2．Ⅰ：影響する要因や介入効果の検討を目的とし，経験に焦点を当てた研究

　支援の方法や効果の検討を目的とし，経験に焦点を当てた心理学的研究の例としては，心理尺度を用いた抑うつ傾向や，生活の質（Quality of Life；QOL），そしてストレスを評定するような，広義のメンタルヘルスに着目した研究が挙げられよう。このような研究は1970年代から1980年代にかけて，心身医学や神経学の領域において，その萌芽がみられた。たとえばALS患者のパーソナリティ特性として「内向性」がみられる傾向があるとの指摘（Brown and Mueller, 1970），入院中のALS患者の抑うつ症状は他の疾患による入院患者と同程度であるとの報告（Houpt, Gould and Norris, 1977），ALS患者の抑うつと不安がリハビリテーションに妨害的に寄与することを示した研究（Malec and Neimeyer, 1983）などが存在する。ALS特有の身体症状と抑うつ症状やストレスとの関連を検討した研究も数多い。ほぼ一貫して，ALSの身体症状の重篤さと抑うつ傾向をはじめとした心理的な症状の間には関連が少ないという傾向が示されている（Montgomery and Erickson, 1987；Hunter, Robinson and Neilson, 1993；久能，2001；Foley, Timonen and Hardiman, 2012）。

　こうした研究を踏まえ，2000年代以降は病者の精神的健康を介護者や患者家族との関係性の面から捉え，検討することが主に心理学において行われている。後天的に神経難病を患った病者を対象に，周囲の介助者への意識的な感謝を習慣づけることで主観的ウェルビーイングが上昇することを実証した研究

(Emmons and McCullough, 2003），家族の（介護）負担が大きいほど患者自身のQOLも低下することを明らかにした研究（Pagnini, Banfi, Lunetta, Rossi, Castelnuovo, Marconi, Fossati, Corbo and Molinari, 2012），ソーシャルサポートの存在と介護負担に負の相関があり，そして患者の身体障害が進行すると介護負担や（介護者，患者家族の）抑うつ傾向が増加することを指摘した研究（Pagnini, Rossi, Lunetta, Banfi, Castelnuovo, Corbo and Molinari, 2010）などが存在する。またさらに近年では，ALS患者自身の自律的な生活がウェルビーイングの上昇に繋がるとの指摘もある（Real, Dickhaus, Ludolph, Hautzinger and Kubler, 2014）。

また臨床心理学の領域においては，ALSをはじめとした神経難病患者のケアにおいてどのように接するべきかという点での議論もある。ALSの緩和ケアにおいては勤務時間以外のような私的な関わりも重要な援助になるとの指摘（松田，2004），ALSの患者は「病気に負けたくない」という思いが強いからこそ臨床心理士に頼らない傾向があり，家族も含めた援助が重要になるとの論（高橋，2006），臨床心理士はALS患者の病いの進行状況に応じて必要な特定の支援を家族も含めて提供する能力があるため，非常に重要な役割を担うとの指摘（Pagnini, Rossi, Lunetta, Banfi and Corbo, 2010）などが存在する。

以上のように，ALSを対象とした心理学的研究においては患者自身の状態を正確に捉えるための実証的研究だけでなく，より実践的な観点からの介入効果の検討なども行われてきた。特に近年になるほどALS患者の自律的な生活や，社会的なサポートの重要性を主張する研究が行われていることに留意されたい。

3．Ⅱ：家族を含めた当事者にとっての意味の探求を目的とし，経験に焦点を当てた研究

ALSは進行性の疾患であるために，その進行の状況に応じて，様々な課題が表面化する。生活上の不便・不自由を軽減するための工夫や，心理社会的側面の負担にどのように対処していくか，などが主たるテーマとなる。こうした研究について，心理学的側面から検討されたものは十分ではないため，社会学などの周辺領域も含めて広く先行研究を概観する。

ALS患者にとって大きな負担となるものの一つは，人工呼吸器の装着をす

るいか否かの意思決定である。医学的にみれば「生命維持」のための装置である人工呼吸器の装着は，患者および患者家族にとっての日常生活の大きな変貌という意味を持って迫ってくる事態である。北村（2001）は人工呼吸器装着をした患者の多くが後悔を持つが，時間経過とともに後悔が軽減され，「装着後の日常生活をどうするか」に悩みの焦点が移行していくことが多くみられると指摘している。その際，医師は（日常生活のための）情報源としては機能しないことが多く，患者会や，保健師等の支援者に情報を得ていくことの重要性も指摘する。

　進行とともに衰えていく身体機能に直面するなかで，ALS患者は様々な苦痛と喪失に向き合わねばならなくなる。ALS患者にとっての病いの意味は単なる身体障害だけではなく，感情的・認知的・能力的な低下に直面することも含んで捉えられなければならない（Gallagher and Monroe, 2006）。西村・唐津・佐々木・野川（2007）は神経難病者の療養生活の受け止め状況の因子として「主導権の喪失」「病気の脅威」「疎外感」「希望の喪失」の4つを挙げている。Robillard（1999）はALSに罹患した自らの経験を著し，身近な援助者の過剰な配慮によって，他者とのコミュニケーションの機会が意図的に拒まれてしまうがために，社会的に排除されていく状況への怒りと孤立感を詳述している。

　病いによって影響されるのはALS患者本人に留まらない。患者の病いの進行に伴い，より手厚いケアが必要となるにつれ，介護者・患者家族は「自らの行動や思考が病いに支配されている」との感覚を覚えてしまうことがある（Goldstein, Adamson, Jeffrey, Down, Barby, Wilson and Leigh, 1998）。病いへの罹患とともに，否応なく病いが生活の中に侵襲し，対処を求められるという事態は，患者だけでなく患者家族にとって大変な苦痛となることが示唆されている。

　一方，病いの罹患，進行により，患者に生じるのは，喪失された身体機能の補填・支援の欲求だけではない。谷垣・矢倉（2003）は神経難病患者の病いの体験をグループインタビューにより調査し，患者自身が自らの経験を活かし他者の役に立ちたいとの思いを強く抱くことを示している。こうした患者の思いは患者会活動への参加によって満たされている面が大きい。大坂（2008）は難病の患者会活動の意義の一つとして，（自らの病いを社会に広く伝えることに

よる）社会変革を挙げている。また，朝田・茂木（2010）は病者が暮らしやすい社会の実現のためには，可能ならば病者自身が社会に向けて発信をしていくことが重要と述べている。このように「重篤な病いとともに生きる」という経験は，日常生活を喪失させるものとしてだけではなく，他の患者の支援に繋がったり，社会を病者にとってもより快適に過ごせるようなものへと変えていくための経験として，意味づけが再構築されることがある。

ALSは特に，その身体症状の故に，コミュニケーションの手段を奪われやすく，そのために社会生活に支障を生じることが多くみられる。コミュニケーション障害者への支援は心理学における研究の蓄積が多量に存在している。次節においてはコミュニケーションに焦点を当て，先行研究を概観する。

4．Ⅲ：影響する要因や介入効果の検討を目的とし，コミュニケーションに焦点を当てた研究

コミュニケーションに障害を持つ人の支援は，拡大代替コミュニケーション（Augmentative and Alternative Communication；AAC）の領域において実践されてきた。AACは医学，心理学，言語学，音声学，工学などの研究者が集まる領域であり，「重度の表出障害を持つ人々の障害を補償する臨床活動の領域」を指す（ASHA, 1989, 1991）。コミュニケーション支援においては，コミュニケーションを補助する装置（コミュニケーションエイド）が用いられるが，その利用におけるQOLを高める側面や，態度や障害受容の問題など，心理学に関連する問題が多く存在している。また，コミュニケーションエイドを含む，障害者支援技術の総称をアシスティブ・テクノロジー（Assistive Technology；AT）と呼ぶ。

中邑（2001）によれば，コミュニケーション障害者への支援においては，「自立」が重視され，そのためにはコミュニケーションエイドを利用した機能代行による生活動作の自立と，QOLを重視した「こころの自立」という2つの側面がある。中邑（2001）においては，AACの最大の狙いは障害を持つ人たちの内的側面の伝達にあり，それによる彼らの心理的生活の拡がりこそが生活動作の自立以上に重要であると指摘されている。

ALS患者を対象としたATは，病いの進行に応じて様々なものが存在して

いる。ALS患者のコミュニケーション障害の一般的なパターンは概ね共通しており，まず発話量が低下，明瞭さが失われ，やがて発話機能を喪失していく流れとなる（Beukelman, Garrett and Yorkston, 2007）。上肢の機能が残存している場合には，基本的なひらがな・カタカナなどを表記した記号ボードを指差すなどの方法がとられる。四肢の動きを喪失した後においては，「瞬き」「眼球運動」「頭の動き」「その他の機能残存部位のジェスチャー」，そして「ブレイン・マシンインタフェース」などを活用したコミュニケーションエイドを用いることとなる（Ball, Fager and Fried-Oken, 2012）。ブレイン・マシンインタフェースとは外界への意思を含む脳の活動の情報を入力信号として利用するインタフェースの総称であり（仲山・金・佐藤・小池，2005），脳波や脳血流量などを用いて，コミュニケーションエイドやコンピューターを操作するなどの活用が進んでいる。

　ALS患者におけるATを導入する効果は，以下5点に整理される。第1に，病が進行するなかで，本人のニーズや思いを家族や介護者が理解し，質の高い療養生活を送ることができるようにすることである（樋口，2013）。第2に，介護（たとえば吸引や体位交換）の際に本人とのコミュニケーションをスムーズにすることで，介護者の負担を軽減することである（濱，2011）。第3に愛情やユーモアなど，生活を充実させていくために必要な，周囲の人との意思疎通を十全に保つことである（Fried-Oken, Fox, Rau, Tullman, Baker, Hindal, Wile and Lou, 2006）。第4にコンピューターやテレビ操作などを介したエンターテイメントを得ることである（Houston, 2006）。第5に労働に従事することも可能になりえることから，雇用の維持という観点での効果である（McNaughton, Light and Groszyk, 2001）。

　ATを用いることは，患者のQOLを向上させるという点でも重要である。ATを用いているALS患者とそうでない患者とを比較した研究において，前者は有意に高いQOLと，有意に低い介護負担を実現していることが示されている（Hwang, Weng, Wang, Tsai and Chang, 2014）。前述Hwang et al.（2014）においては，これらの成果は患者の自立性の改善の結果であると結論している。

　このようにATによる支援はALS患者のコミュニケーションを支えることを通じて，自立性を高め，より充実した生活を実現することに繋がっていると

考えられる。ALS患者においてはATの利用が進んでおり，適切なタイミングで提供されるならば，約96％が肯定的に使用を受容しているとの調査結果もある（Ball, Beukelman and Pattee, 2004）。身体機能の低下が進んでも様々な方法でコミュニケーションを保つための取り組みが続けられており，生活の一部としてATが存在していることが示唆されている。たとえば，Ball, Beukelman, Anderson, Bilyeu, Robertson and Pattee（2007）は，ALS患者45名を対象とした調査において，その調査対象者全員が死の直前の1ヶ月前までATを利用していたことに触れ，ATはALSのような重篤な身体的制限を持つ人々のQOLの本質であるとさえ述べている。

第3節　神経難病者支援の問題点および支援のための方策

1．問題点の整理　①コミュニケーション支援を受け難病とともに生きることの実態の不明瞭さ

先行研究においては，ALS患者への在宅でのコミュニケーション支援は単に生命維持のための意思疎通の手段であるというだけでなく，周囲の人との雑談なども含めて，日々を充実して生活していくためのものとして示されている。また，人工呼吸器を装着し，在宅療養を行うALS患者が多数にのぼるなかで，在宅でのコミュニケーションをどのように充実させていくかが課題であることも浮き彫りとなっている。

AACの研究において示されたように，「コミュニケーションの効果」という観点では，既に多くの知見が生み出されている。一方でAT利用の継続的なサポートには大きな課題があるのが現状である。AT機器の使用実態については，3ヶ月以内にその3分の1が放棄されるという報告がある（Lasker and Bedrosian, 2000）。これはATの利用を継続的に進めていくことの困難さを示している。ATを使用する際には，導入時だけでなく，その後の環境整備においても様々なサポートが必要となるが，特にALS患者へのサポートにおいては以下2つの要素が重要となる。第1にALS患者の持つ症状の個別性にどう対応するかという点。第2に，患者が療養している環境，家族との関係などをどう理解し，サポートをしていくかという点である。

コミュニケーション支援を受け，ALSとともに在宅で生活することの実態とはどのようなものなのであろうか。コミュニケーション支援をお仕着せのものにせず，在宅という療養の現場に合うものとするための知見を得ることが求められている。この知見を得るためには，在宅療養の場に臨み，患者本人だけでなく，家族や介護者，さらにはその他の支援者がどのように日々を生活し，コミュニケーションの支援にあたっているかという実態を明らかにするとともに，その場におけるコミュニケーション支援の意味づけについて検討する必要がある。

2．問題点の整理　②公衆に向けたリアルタイムコミュニケーション可能性の探求不足

AACにおけるコミュニケーション支援研究においては，身近な他者との意思疎通，あるいはインターネットにおけるホームページによる情報発信のような静的なコミュニケーションの充実に焦点が当てられている。ここにはコミュニケーションエイドにおけるコミュニケーション速度の問題という背景がある。一般的な会話速度が150-250単語／分（Goldman-Eisler, 1986），コミュニケーションエイドユーザでは，最高でも15単語／分に低下（Foulds, 1980），そして多くの場合は2-8単語／分程度（Beukelman and Mirenda, 1992）との研究成果も存在する。そのため，場面ごとに発話したい内容をまとめる方法（Goosens, Crain and Elder, 1992）や，心理学におけるスクリプト（ある典型的状況で人間が想起する一連の手続きを表現する方法；Shank and Abelson, 1975）に基づき，会話の流れに沿ってメッセージを配置する方法（Alm, 1993），さらに近年では，スマートフォンやタブレット型端末において装備されている予測変換機能（ユーザが入力した文字を元に文字列を予測する変換方法）を活用したコミュニケーション支援の方法（濱井・水町・中藤・松井，2013）が開発されている。

しかし，ALS患者をはじめとしたコミュニケーション障害者が他者と意思疎通を図る場面は，面と向かった一名に対するものとは限らない。たとえばALS患者が講演のような形で，一対多の状況においてコミュニケーションを図る状況もありえるはずである。利島（2001）は，ノーマライゼーション（障

害を持つ人のみならず高齢者を含めた人たちが，過程や地域において健常者と同様の生活が可能となる社会をつくり上げる営み）の概念を踏まえ，障害を持つ人を取り巻くバリアを取り除くことにより，彼らの自律的な社会参加を促進することが今日の目標となっていると述べている。病者が暮らしやすい社会の実現のためには，可能ならば病者自身が社会に向けて発信をしていくことが重要（朝田・茂木，2010）との指摘を踏まえれば，こうした一対多の発信を可能とする条件・環境の検討がもっとなされてよい。

ALS患者が一対多のコミュニケーションを，AT機器を介して行うときに，どのような問題が生じるであろうか。この点について検討することは，ALS患者の一対多コミュニケーションを行う際の問題点を明らかにすることに繋がるとともに，ALS患者をはじめとしたコミュニケーション障害者が社会参加・社会に向けた発信を行う可能性を開く研究へと繋がると考えられる。

3．問題点の整理　③発信の場の不足

難病の罹患を機に，自らの経験を役立てたいとの思いを抱くようになる患者は多く存在する。患者会はその受け皿であるとも言え，会員（病者）相互の支援などが図られてきた。また，難病者が自らホームページを作成したり，闘病記を執筆するなどして，病いの経験を発信する試みをしていることも多い。ALSは患者会を含めて，こうした活動が盛んである難病の一つであり，一例として，まだ例数の少なかった時代から，在宅人工呼吸療法を実践してきた闘病の記録が残されている（長岡・川口，2012）。

難病の経験を発信することは，社会において難病の実態を知らしめ，より充実した支援を実現していくための活動として価値が高い。しかし，難病者が自らの病いの体験を発信するための場は，極めて限定的である。前述のようにホームページや闘病記などの方法は存在するが，実際に難病者に触れ合い，その生の語りを聞く場となると例が乏しいのが現状である。原（2008）は，精神障害者への偏見を減らすのに最も有効なものの一つとして，「目と耳で接する姿」を挙げている。これはALSにおいても同様であろう。

以上のように，ALSをはじめとした難病者の発信を促進していくための方策を立てることもまた，難病支援において重要な課題であると考えられる。ま

た，ALS の症状の進行の程度によっては，コミュニケーション障害を持っている可能性もあり，こうした状態にある人々が自らの経験を発信するための場作りとして，どのような課題が存在するのかを仮説生成的に明らかにすることが求められる。

4．実態・実践・情報発信を一体とした支援モデルの提案のための方法論的要請

　以上に述べた問題点を解決する方策は，「病いの実態の記述的理解」「ALS 患者の一対多リアルタイムコミュニケーションの実践」「ALS 患者の病いの体験を語るための場作り」を一体とした支援モデルを提唱することである。個別の問題については先行研究に類似のものが存在するものの，これらを一貫した研究として実施したものはいまだ類を見ない。これらの研究は，家族を含めた当事者にとっての意味の探求が狙いとなっており，かつコミュニケーションに焦点が当たっている。したがって，表1-2中のⅣに相当する研究として成立することが見込まれる。

　一方で，このような研究を実施するうえでは適切な理論・方法論の選択が重要となる。フィールドに居ながらにしての記述を行うだけでなく，実践的な活動（およびそのための場の構築）すらも研究内容に含まれてくるためである。

　次章においては難病者の生を捉えるための理論的・方法論的な基盤について概説する。これを通じ，本研究における適切な理論・方法論の選択について述べる。

第 2 章

難病者の生を捉えるための理論的・
方法論的な基盤

第 1 節　神経難病者の在宅療養に対する文化心理学的アプローチ

1．文化心理学とはどのような学問か

　文化心理学および（文化心理学における）「文化」について，サトウ（2013）は比較文化心理学との比較を通じて以下のように整理している。比較文化心理学においては文化が実体化されており，そこに人間が属している（つまり文化の差は独立変数の役割を与えられる）。これに対し，文化心理学においては文化が人間に属するという逆の立場をとる。「文化」とは人間が誕生した瞬間から，そのままの形で外界と対峙しなくてすむ仕組みすべてを指す。

　これらを踏まえたうえで，文化心理学は，生を受けた個人がその環境の中で生命を維持し生活し人生をまっとうするために記号を取り入れつつ生きていくプロセスを描く心理学的試み（Sato, Yasuda, Kanzaki and Valsiner, 2014）として定義される。文化心理学における「記号」は極めて重要な概念として位置づけられている（Valsiner, 2001）。サトウ（2009a）は，「ある事柄からどのような意味を見出していくかは個人ごとに異なるのである。場合によっては集団ごとに何を重んじるかが異なってくる。そして，主体が何にどのような意味を見出すかということこそが，記号作用の発生であり，記号による媒介」であると述べている。「食べる」という行動を例にすれば，目の前の物体が「食べられるもの」という記号によって介在された時に，物体は可食可能なものとなり，人はその物体を食べることができる（サトウ，2015d）と考えることができる。人間の行動を「記号による媒介」という視点から捉えることが文化心理学の特徴である。

記号に注目することは，事例に基づいたモデル生成という点で重要な意義を持つ。サトウ（2009a）は，「文化心理学においては，記号の機能化（あるいは，記号が機能していくこと）が一般的なメカニズムとして見出されるのである。質的研究や少数事例研究は，一般法則から背を向け個別の記述を目指しているのではないか，と思われがちだが，そうではなく，記号が機能するそのプロセスを一般的なメカニズムと想定することによって普遍的知識を蓄積していくのが文化心理学なのである」と述べ，少数事例研究からも一般性を持つ知見を生成的に産出できる可能性を示している。

前述したように，ALS患者は在宅療養を行っている者が多い。家の間取りや家族構成，症状の程度，介護者の熟練の度合いなどは，それぞれの療養現場において多様でありえる。文化心理学の立場に立つことで，こうした多様さを踏まえながらも，一つひとつのフィールドの丁寧な記述を通じて，一般性を持った知見を産み出しうる可能性がある。

2．「文化」の観点から見る難病者の生（ライフ）

生（ライフ）という語は，生命，人生，生活など様々な意味を持っている。心理学はこれらをすべて扱う学問として成立しうるとの主張がある。サトウ（2015e）は心理学史の立場から，心理学を「生物としてのヒト」「個人的な人生を展望する存在としてのひと」「社会的な存在としての人」という3つの系統があるとし，それぞれ感覚・知覚心理学，発達心理学，社会心理学が対応する領域であるとする整理を行っている。

既に感覚・知覚心理学，発達心理学，社会心理学の領域において検討されているとも言える諸研究を，生（ライフ）の語で整理する意義はどこにあるのか。南（1992）は心理学の研究の枠組みが，人間生活の実態や，日常的経験の実感から離れた知的なパズル解きの様相を呈していると指摘している。また，川添（1984）は「生活」は心理学にとってだけでなく，「科学」にとってほとんど未開拓のまま残されている領域であると述べている。上記の見解を踏まえ，尾見・川野（1994）はフィールドワークに基づき人々の生活を記述する「生活心理学」を提唱している。尾見・川野（1994）においては，「生活」が実際にどのようなものを指すのかが必ずしも明瞭ではなかった。その点に対し，生（ライ

フ）の視点を導入することで，生命，人生，生活などのすべてを包括する心理学的研究の成立可能性が出てくる。

　文化心理学における，こうした人々の生（ライフ）を描くための方法論が複線径路・等至性アプローチ（Trajectory Equifinality Approach；TEA）である。TEAの根幹をなすのはオープンシステム（Bertalanffy, 1968/1973）の視点である。オープンシステムにおいては，一つの目標に対して複数の異なる径路を想定しうることが前提となっている。文化心理学においては，人の（あるいは人々の）ある行動の成立を単線的な因果として捉えるのではなく，多様な径路を経て類似の結果（行動）に至るという視点から捉える。生（ライフ）の視点に立ち返れば，「生物としてのヒト」の行動がどのようにして成立するか，「個人的な人生を展望する存在としてのひと」の将来展望がある類似の形をとるときにどのような径路が存在しうるか，「社会的な存在としての人」が他者との関わりの中でどのような振る舞いをするに至るか，といった点を事例に基づき検討することが可能となる。これらは，神経難病，つまり疾病そのものではなく，神経難病とともに生きる存在であるALS患者という人間のあり様を，周囲の人々との関係性も含めて描き出すための方法論として用いることができる。

　以上の議論に基づき，本研究においては，難病者の生（ライフ）を捉えるための方法として，文化心理学的アプローチを採用する。次節においては，病者の生（ライフ）を記述するための方法として，エスノグラフィを用いることの重要性について議論する。

第2節　病者の「生（ライフ）」を記述するメソドロジーとしてのマイクロ・エスノグラフィ

1．エスノグラフィ小史─文化人類学，社会学，心理学における展開

　エスノグラフィという用語は「ethno（民族）」と「graphy（記録されたもの）からなる合成語（山下，2005）であり，「データ収集の際に用いられる一連の調査方法」という意味と，「エスノグラフィの技法を用いた調査の記録（調査報告書）」という2つの意味を持つ（Merriam, 1998/2004）。エスノグラフィは文化人類学によって創始され，社会学での発展を経て，心理学へと導入され

た研究方法である。以下，柴山（2013）をもとに，心理学で導入されるまでの経緯を概観する。

エスノグラフィは文化人類学者マリノフスキー（B. K. Malinowski）によって，文化人類学の研究方法として確立された。マリノフスキーはトロブリアンド諸島に通算2年間滞在し，現地の人々と交流しながら調査を行った。その経験から，対象とする集団の中に入り，「内部者の視点」から文化を理解する方法としての「参与観察」を考案した（江渕，2000）。人々の視点から生活世界を理解することを通して文化を描き出すというマリノフスキーの方法は画期的なもので，現在では，文化人類学の方法論的基盤を構築したと位置づけられている。

エスノグラフィは20世紀初頭にアメリカで顕在化し始めた社会の諸問題（貧困・犯罪・離婚・人種間葛藤など）を解決するための調査法として，社会学において採用されることとなった。文化人類学が非西洋社会の集団の理解を狙いとしていたのに対し，社会学では同一国家内に存在する異文化集団の日常生活を理解する方法として発展したと言えよう。都市に形成されたスラムの青年集団の一員となり，参与観察を行ったWhyte（1943）は代表的な研究である。日本においては，暴走族集団への参与観察を行った佐藤（1984）によるエスノグラフィが著名である。

心理学におけるエスノグラフィの源流は，心理学の祖であるヴント（W. Wundt）の民族・文化心理学にある。民族・文化心理学は「人びとの共同生活で形成される集合的な精神過程」の解明を目指し，観察と記述が必要であると考えられていたが，実験心理学の隆盛のなかで地位を落とした（茂呂，2001）。心理学においてエスノグラフィ研究が展開したのは1970年代半ばである。大橋（1998）はヴントの民族心理学を基本に据えた社会心理学を展開させ，「まず研究対象に素手で密着し，現象をありのままに忍耐強く観察して試行錯誤しながら対象と課題に見合った方法や概念を見つけ出していく」（大橋，1998）解釈的・仮説生成的なアプローチとフィールドワークの重要性を強調した。

柴山（2013）は，エスノグラフィは人間の営為や発達の過程を当事者の視点をすくい取りつつ包括的に捉え，人間の社会的行為の規則性と意味の理解を志向する人間探求の方法として提案されたと述べる。この点では文化人類学，社

会学，心理学のいずれにおいてもエスノグラフィの特徴は共通しているとも言えるが，記述単位はそれぞれの領域において異なっている。次項では，心理学におけるエスノグラフィの特徴を概観するとともに，心理学における方法論である「観察法」との接続について議論を行う。

2．マイクロ・エスノグラフィの特徴と機能―心理学における「観察法」の再考

　文化人類学が対象集団の宗教や婚礼の仕組み，社会学が逸脱行為や社会規範を記述単位としたのに対し，心理学においては発話や行動などより微視的な行為の記述を旨とするマイクロ・エスノグラフィが実践されている（箕浦，1999）。エスノグラフィは参与観察と記述によって対象集団（あるいは対象者）を描き出すことを狙いとするが，「観察」という点で，心理学においては「観察法」という方法論の伝統がある。マイクロ・エスノグラフィは「観察法」とどのように相違し，あるいは共通するのだろうか。

　観察法においては，観察形態（観察者と対象との関係）と観察事態（観察者との関わり方）とで観察法を二分し，そのうえで時間見本法（Olson and Cunningham, 1934）や事象見本法などの観察単位を設定することが伝統的に行われてきた（中澤，1997；原野，1997）。参与観察法（参加観察法）は時間見本法や事象見本法と並列的に紹介されることも多い（中澤・大野木・南，1997；林，2014）。しかしながら，「観察法」と「見本法」は本来異なるものであるため，並列的に紹介することは適切ではない。たとえば参与観察を行いながら時間見本法で記録をとることも考えられるためである。

　上記の問題点を踏まえ，観察法を整理したものを表 2-1 として示す。参与観察とは，観察形態は参加観察であり，観察事態は自然観察法の組織的観察であり，観察単位は（その研究者の研究設問に基づいて）場面・時間・事象等から（観察の焦点の深まりとともに）選択され，記述方法は行動描写法（自由記述）であるもの，を指すと捉え直すことができよう。参与観察は（マイクロ）エスノグラフィを執筆するうえでの必須のプロセスであるが，心理学の観察法として定位可能なのである。

表 2-1 心理学における観察法を再整理したもの

1. 観察形態（観察者と対象との関係）
    1-1. 参加観察法（対象と関わる）
        1-1-1. 交流的観察
        1-1-2. 面接観察
        1-1-3. 非交流的観察
    1-2. 非参加観察法
        1-2-1. 直接観察（マジックミラー）
        1-2-2. 間接観察（ビデオをあとで見る）

2. 観察事態（関わり方）
    2-1. 自然観察法（研究者による介入や実験的操作が存在しない）
        2-1-1. 偶然的観察（日常生活で偶発的に遭遇した出来事を記録する観察）
        2-1-2. 組織的観察（観察対象と観察単位を定めた観察）
    2-2. 実験的観察法（研究者による操作が存在する）

3. 観察単位の選択（組織的観察において必要となる）
    3-1. 場面見本法
    3-2. 事象見本法
    3-3. 時間見本法

4. 記述方法
    4-1. 行動描写法（≒逸話記録法, ≒エピソード記録法）（自由記述）
    4-2. カテゴリー・チェック法
    4-3. 評定尺度法

前述のとおりマイクロ・エスノグラフィにおける記述単位は発話や行動であるが，文化心理学におけるマイクロ・エスノグラフィには生（ライフ）の記述という視点が導入されている。この点が，難病者を対象とした研究をマイクロ・エスノグラフィを用いて実施する際の重要な特徴ともなっている。次項においては，難病者の生（ライフ）を記述することの意義について述べる。

3. 難病者の「生（ライフ）」をマイクロ・エスノグラフィで記述することの意義

難病に罹患することは，ある人間の生（ライフ）を一変させ，さらには周囲の人々にも重大な影響を与える出来事である。音声言語を奪われ，肢体も不自

由となり，自発呼吸すらも困難となる ALS という病いにおいてはなおのこと，「病いとともに生きる」ということが，否応なく迫ってくる。ALS という疾病そのものの研究ではなく，ALS という病とともに生きているというあり様を描くことが，病者の実態を捉え，支援の方策を拡大していくことに繋がる。

　病い，あるいは障害とともに生きるという側面に注目した研究においては，しばしばインタビュー法が用いられる。ハンセン病患者の病いの経験を，調査者自身の変容も含めて深く描き出している蘭（2004），物語論に基づきトランスジェンダーの当事者と家族の語りを丹念に分析している荘島（2008）などが存在する。インタビューによる研究は，当事者が病いの経験をどのように意味づけているかという点に深く切り込む研究として意義が大きい。

　対して，本研究においては，マイクロ・エスノグラフィを用いる。エスノグラフィ（マイクロ・エスノグラフィ）はフィールドワークによって，現場に赴くという特徴がある。ALS 患者は在宅療養者が多く，在宅療養の現場においては，患者だけでなく，患者家族や介護者など様々な人々が存在し，病いに関与しながら日常が営まれている。本研究においては，ALS 患者だけでなく，これら周囲の人々の活動を「場の記述」として包括的に扱うことによって，ALS 患者の生（ライフ）の全体像の描き出すことを試みたい。

　マイクロ・エスノグラフィを用いることの利点は，知見の転用可能性を拡大するということにもある。インタビュー法によって収集できるデータは，本人が意識的に語ることができる情報に限られるが，実際に現場に赴き，ALS 患者の日常に参与しながら記述を行うことで，患者や患者家族自身が普段は意識してないような療養上の工夫などの点についても明らかにできる。これらの点から，本研究においてはマイクロ・エスノグラフィを採用することが適切であると考えられる。

第 3 章

本研究の目的

　本研究の目的は，「病いの実態の記述的理解」「ALS 患者の一対多リアルタイムコミュニケーションの実践」「ALS 患者の病いの体験を語るための場作り」を一体とした支援モデルを提唱することを通じ，神経難病者のコミュニケーションの可能性を拡大することである。

　本研究は 4 つの研究で構成される。第 1 に，「在宅療養における ALS 患者のコミュニケーション支援の実際」（研究 1 ）において，在宅療養を円滑にすすめるためのコミュニケーション支援の実態と工夫を記述することを通じ，コミュニケーション支援によって何がもたらされるのかという点を明らかにする。第 2 に，「ALS 患者のリアルタイムコミュニケーション可能性の検討」（研究 2 ）において，ALS 患者の，一対多のリアルタイムコミュニケーション可能性を示す。第 3 に，「病者の経験を伝えるためのコミュニケーションのあり方：ファシリテーション機能の解明」（研究 3 ）において，難病者が自らの病いの経験を語る場を構築するにあたり必要となる援助の方策について明らかにする。第 4 に，「病者アドボカシー企画の運営と意義の変容過程：複線径路・等至性モデルによる ALS 患者参加型企画の分析」（研究 4 ）において，病者が自らの経験を語る場を構築する実践の分析を通じ，場の運営に必要となる知見を得る。

第4章

難病在宅療養のマイクロ・エスノグラフィー本研究のフィールド

第1節　本研究におけるフィールド

1．ALS 患者への在宅療養の現場

　本研究では人工呼吸器を装着して在宅療養を行っている ALS 患者に着目し，その自宅を主たるフィールドとしたフィールドワークを行った。フィールドワークにおけるフィールドの選択は，それ自体が研究方法論上の課題でもある。

　藤江（2013）は心理学の中でも実験法や調査法を中心とした研究では，どのような対象においても共通してみられる特徴を抽出してモデルを生成することが志向されるのに対して，フィールド研究においてはモデルとなるフィールドにエントリーし，「フィールドの実態を探る研究だけではなく，フィールドのあるべき姿を探る研究も志向される」と主張する。

　在宅療養を行っている ALS 患者の中には，自分たちなりの療養技法を発案し，難病を患いながらも（本人にとって）充実していると感じられるような生活の場を構築してきている者が少数であるが存在している。また，「在宅療養」とは単に「自宅のみで活動している」ことを指すのではない。肢体不自由，呼吸不全を抱えながらも，散歩や患者会活動のための外出を行うなど，自宅を中心としながら活発な活動を行っている患者も存在している。病者の生活に寄り添ったフィールドワークを実践することは，病者を見る目を変え，病者自身にとっての活動の可能性を拡大する糸口となる。

　本研究は ALS 患者の在宅療養の場を中心としながらも，ALS 患者自身が参加した患者会活動や学会などの場をもフィールドとした参与観察によって構成されている。そのなかで，ALS 患者だけでなく患者家族，介護者，支援者など

の人々へのインタビューも並行して行った。

2．対話のファシリテーションが行われている現場

　神経難病者が自らの病いの経験を語る場を構築する実践をするにあたり，神経難病者とオーディエンスの対話を促進するための機能を探索するために，サイエンスカフェへのフィールドワークを行った。サイエンスカフェは科学者と市民の対話を目的とした場であり，専門家・非専門家の間でのコミュニケーションの現場である。

　専門家・非専門家の対話においては，両者の間での専門的知識の差が，円滑なコミュニケーションの妨げになる場合がある。神経難病者が自らの病いの経験を広く公衆に向けて語る場合においても，病いの壮絶さや，苦闘など，神経難病との関わりの少ない人々においては想像もつかないような語りが提供される可能性が高い。サイエンスカフェにおいては，専門家・非専門家の対話を支え，促進するための工夫が凝らされており，こうした工夫は神経難病者が自らの経験を語る際にも指針として転用可能であると考えられる。

　以上の議論から，本研究においてはフィールドワークの一環として，ALS患者の療養現場だけでなく，サイエンスカフェへのフィールドワークも平行して行った。

　なお，個々の研究における参与観察期間，フィールドエントリーの経緯，研究協力者等については，それぞれの研究において詳述するものとする。

第5章

研究1：在宅療養におけるALS患者の
　　　　コミュニケーション支援の実際

第1節　問題と目的

1．神経難病患者の在宅療養をめぐる問題

　近年，病者の生活の場としての「自宅」が急速に注目されるようになってきている。老人医療費の増大を背景に，「医療費適正化」に代表される政府方針が医療費削減のために導入されてきており，主として後期高齢者の生活の場を病院から自宅へと移す流れが加速している（土佐，2008）。さらに現在では人工呼吸器利用が必要な神経難病患者など全面的な看護や介護が必要な場合であっても長期入院が抑制され，在宅療養への移行が進んでいるという指摘もある（山本，2007）。

　また，政策的議論のみならず，「ノーマリゼーション」および病者・障害者の権利擁護という観点からも，「脱施設化」が推進されてきた経緯がある（立岩，2006）。外部社会からの遮断を伴う閉鎖的かつ形式的に管理された居住の場，すなわち「全制的施設」（Goffman, 1961）としての病院という場においては，「アイデンティティの剝奪」などの，「身体感覚に根ざした切実な嫌悪」が病者に生起することも指摘されている（尾中，1990）。

　たしかに，「管理」の場としての病院を離れ，住み慣れた自宅で療養生活を行うことは病者にとってより快適な生を営む可能性をもたらす。その一方で，在宅療養への移行が，特に重篤な病いにおいて，家族の介護負担の増加という事態を招いていることも事実である。川口（2009）は，自らも患者家族および患者会役員として実践を続けてきた経験から，筋萎縮性側索硬化症（Amyotrophic Lateral Sclerosis；ALS）患者の在宅療養は患者の「生活の質」（Quality of Life,

以下 QOL）を高く保つうえで重要であるが，同時に長期入院先の確保の困難性と介護負担の増加にも繋がっていると指摘している。

　こうした事態は，とりわけ事例数の少ない難病という領域において，参照すべき「モデル」の不在という点で，患者および介護者に深刻な負担をもたらす。前述した川口（2009）においても主題となっている ALS はこうした状況下に置かれている難病の典型例の一つであり，川村（2003）による 2002 年度の調査では，患者約 6,000 名のうち人工呼吸器利用者が約 1500 名，そのうち在宅療養者が約 700 名とされている。ここでは ALS 患者の中でも，特に重篤な状況にある者の多くが在宅療養を営んでいることが示されているが，特に呼吸器装着患者の介護を行っている家族は未装着者の家族に比べ，介護疲れを訴える割合が有意に高いという報告もある（隅田，2004）。

　ごくわずかな例外的事例として，充実した療養を営む患者の生活様式や療養技法の紹介などは出版物の形でなされているものの，「自宅」という場において，患者が自らにとって快適と感じられるような療養環境を周囲の支援者とともにどのようにして構築してきたかという点を体系的にまとめたものはあまり見られないのが現状である。

2．「在宅療養」という場を記述的に研究する意義

　心理学において，「場」は集団力学研究に代表されるように社会心理学の主要な研究対象の一つとして位置づけられている。とりわけ近年では，場で生起する現象を，その文脈を崩さずに理解するための方法論としてのエスノグラフィが発達・社会などの諸領域で用いられている。

　エスノグラフィは特定のフィールドの人々の文化や習慣による行動様式を理解するための質的研究法または報告書（LeCompte and Preissle, 1993）である。Malinowski（1922）を祖とし文化人類学領域において創始され，その後社会学・心理学などの近接領域へと普及した。当初は西洋以外の「異文化」を理解するための方法として開発されたエスノグラフィは，1920 年代から 30 年代の社会学において自国内の多様な文化的背景を持つ人々の生活を理解するための手法として発展することとなった（e.g., Cressey, 1932）。心理学においては 1980 年代の解釈的アプローチの隆盛を背景とした，Gaskins, Miller and

Corsaro（1992）らによる発達研究がその嚆矢として位置づけられる。心理学では，特に，特定の状況を生きる個人（ないしは人々）の心的過程や行為の理解が目標とされており，行為・発話・相互作用などのより小さな記述単位を取り扱う「マイクロ・エスノグラフィ」（箕浦，1999）が実践されている。

エスノグラフィにおけるフィールドとしての医療や病いは，1970年代以降の医療人類学の発展とともに専ら注目されるようになった。たとえば，Kleinman（1988）は医療者による生物学的な説明としての「疾病」（disease）と個人が持つ物語である「病い」（illness）を分けることで，患者と対置される生活者としての個人の病いの経験の存在を示している。また，心理学領域においても，沖縄における信仰治療システムと西洋的な精神医療との間のせめぎ合いを社会心理学的に検討した大橋・作道・堀毛（1985）など，医療や病いを扱った先駆的な研究が存在する。近年では，院内学級における支援の特徴を現場の多様な成員によって実践される「つなぎ」援助として明らかにした谷口（2004）などが，エスノグラフィを用いて医療の場へとアプローチしている代表的な研究の一つと言えるだろう。

このように，心理学においても医療との関わりは深く，様々な研究の試みはなされているものの，在宅療養の現場に赴き，病者の生の様相を患者と周囲の人々との関わり合いも含めて描き出す研究は見当たらない。病者の日常生活に寄り添い記述していくことは，エスノグラフィの可能性の一つである偏見緩和（伊藤，2004）という面でも重要であると考えられる。研究知見を社会へと還元し，患者の生を支えるための実践的活動と架橋していくという点でも意義があると言えるだろう。

このような視点に立つエスノグラフィは匿名化され抽象化された形で提出されるのではなく，場の文脈を含んだ「厚い記述」（Geertz, 1973）によって描かれる必要がある。したがって，どのように研究協力者を得るかというサンプリングの議論，および個別の事例をどのように有用な知見としてまとめていくかという方法論上の議論が要請される。

3．フィールドと対象者の選定：少数事例に注目する意義

質的研究におけるサンプリングは研究の問いを明らかにする特徴的で典型的

なものであることが要請される（能智，2004）。本研究においては，進行性神経難病におけるモデルの不在という問題点に着眼し，その典型例としての ALS 患者を対象とするとともに，ALS 患者の中でも数年にわたり「自宅」という場で生を営むための工夫を続けてきた患者の生活の実態を明らかにすることを狙いとする。したがって，本研究における研究協力者およびフィールドは ALS 患者およびその自宅とする。ALS は難病の中でも重症化の程度と家族の介護負担が最も深刻になりうるために，ALS を対象とした研究および実践を蓄積することは非常に貴重な知見となるという指摘（岡部・喜多・松岡・永井，2004）もあり，フィールドとして適切と考えられる。

　ここで ALS の症状と特徴を整理しておく。ALS は身体を動かすための神経系（運動ニューロン）が変性することにより，筋肉が萎縮し，やがて運動機能を喪失する進行性・難治性の難病である。症状が出ても知覚神経，意識，知能は正常に保たれる（宮嶋，2006）。日本においては，ALS 発症時期のおよそ 80% は 50 〜 60 歳代となっており，全国で約 9,000 名の患者が存在している（難病情報センター，2016）。根本的な治療法はまだ確立されておらず，厚生労働省によって特定疾患の一つに指定されている。障害の進行速度や障害部位の順序などには個別性が大きいが，概ね四肢の機能不全による生活動作の不自由，呼吸筋の障害による呼吸困難，人工呼吸器装着に伴う気管切開およびコミュニケーション障害（音声言語の喪失），といった経緯をたどり，最終的には全身の随意筋の機能を喪失した，「トータリー・ロックイン・ステイト」という，外部との相互交流手段を完全に欠落した状態に陥る。一方で，一部の患者は自らの闘病経験を出版物の形で公表したり（舩後・寮，2008），講演会などの場で発表することを通じ活発な患者権利擁護活動を行っている。

　このように極めて重篤な症状を示す ALS という難病，かつごくわずかな例外的事例として，充実した療養生活を行っている患者への焦点化は，エスノグラフィとしてどのような意義を持ちうるのだろうか。事例研究の重要な意義の一つとして，個々の事例を積み重ねることからモデルを構築すること，すなわち「モデル化」の可能性が提示されている。やまだ（2002）はモデルの機能の一つとして「個々の事象を見る見方が変わり，新たな仮説や実証を発展的に生み出していく生成的な機能」を挙げている。また，臨床心理学の立場から河合

(1976) は自らが携わった事例研究報告集に対して，「一つの症状について何例かをまとめ，それについて普遍的な法則を見出すような論文よりも，一つの事例の赤裸々な報告の方が，はるかに実際に"役立つ"」という感想が寄せられたエピソードを紹介している。ここでは，たとえ少数の病者の事例であっても，丁寧な記述を行うことにより，既存の「病い観」の変革を迫る知見を提出しえる可能性が示されていると言えるだろう。

以上の議論を踏まえ，本研究においては，病者の生きる場は病院だけではないという事実に重点を置き，医療による「管理」の文脈から離れた患者がどのように在宅療養の場で生活し，周囲の人々と関係を築いているかという実態を詳細に記述する。病者支援および心理学におけるエスノグラフィの活用の可能性という観点からも有意義な示唆を得ることを目指す。

4．目　的

本章においては以下2点の目的とそれらに対応する分析を行う。第1に，在宅療養を営むALS患者の日常的な生活の実態についての全体的観察を通じ，場に通底する療養の様式を明らかにすることである（分析1）。第2に，場において重要な役割を担う支援者および支援活動を抽出し，在宅療養の場でどのような支援が実践されているのかを明らかにすることである（分析2）。これらを通じ，生の記述を行うエスノグラフィの布置について，理論的な考察を行う。

第2節　方　法

1．フィールド概要

長期間のフィールドワークを実践するために，場でのボランティア活動を兼ねるという条件で，筆者が協同研究として継続的な協力関係を構築している（e.g., 日高・水月・サトウ・松原, 2007）ALS患者である和中勝三（敬称略。以下，和中）および久住純司（敬称略。以下，久住）をインフォーマントとし，またフィールドとして和中宅を選択した。和中が療養している自室が主な調査場所であった。

フィールドワーク日時および回数は2007年8月4日から2009年1月26日であり，毎月1回のペースで計13回行った。和中や家族の負担とならないよう，先方の都合を尋ねたうえで適切な日時を選択し，フィールドワークを行った。時間帯は主に午前10時頃から午後17時頃までであった。

フィールドワーカーは筆者および研究者である水月昭道であった（水月は本章の初出論文における第二著者であった）。必要に応じ，一方がインタビュアとして尋ねている際には他方が会話内容や場の人々についての観察的な情報の記録を行った。これは和中のコミュニケーション方法や仕草などの相互作用を見るうえで特に有用であった。

2．インフォーマント

和中および久住を中心とした（両者のプロフィールとして表5-1）。また，和中の妻（育美），和中および久住のヘルパーも同席した。なお，ヘルパーが手配できない，別件の用事がある，などといった理由から久住が居ない場合もあった。

和中は24時間の全面的介護を必要とするALS患者であるが，Webページや講演会での発表を通じた患者権利擁護活動に極めて活発に従事している患者であった。またALS患者会の全国組織である日本ALS協会の近畿ブロック会長を務めるなど，他の患者の動向についても精通していた。久住は自らもALS患者であるが，和中を含めた他の患者の「技術ピアサポート活動」に従事しており，極めて質の高い支援機器を提供することで知られていた。久住は支援活動のために頻繁に和中宅を訪れており，和中の生活実態を把握するうえで極めて重要な人物であると考えられたため，調査に含むものとした。

表5-1　本研究におけるインフォーマント（和中および久住）のプロフィール（2010年時点）

	年齢	闘病歴	呼吸器装着歴	人工呼吸器装着での在宅療養歴
和中	62歳	18年	14年	14年
久住	58歳	8年	未装着	未装着

和中および久住のコミュニケーション方法については、和中は人工呼吸器を装着し発話が困難であったことから、携帯会話装置である「レッツチャット」、ならびに意思表示装置である「伝の心試用版」「SwitchXS」を用いることで、コミュニケーションを行った。また、クローズド・クエスチョンへの応答など簡易なやりとりについては、機能の残存部位である頬の動きおよび瞬きを利用することで可能であった。久住は車椅子使用者であるが、発話についての障害はなかった。

3．データおよび調査手続き

　フィールドノートを中心とし、適宜デジタルカメラ、ビデオカメラ、ICレコーダによる記録を行った。また、和中のWebページや、学会発表と講演会における和中、久住らの発言も必要に応じてデータとした。会場でのICレコーダによる記録のほか、可能であれば原稿の提出を受けた。これはALS患者として生きる和中および久住の人生観や苦労、これまでの歩みなどといった情報を長文のまとまった形で把握するうえで有用であった。加えて、フィールドワーク後に浮かんだ疑問や確認事項が生じた場合には、メールを用いて、和中および久住へのインタビューを行うことで、データを網羅的に得られるように工夫した。

　フィールドワークは1年半を通した患者訪問において、観察とインタビューを併用しながら遂行した。観察は部屋の空間的情報や人々の行動、仕草などに焦点を当てて遂行された。インタビューについては、あるときはテーマに基づいて行い、また別の訪問日には完全に自由な会話を行うなかで、患者本人や患者家族との信頼関係を築くことを通じて、生じたトピックをデータとしてまとめた。これは療養生活の場を知り、その文脈に則して会話を理解するうえでも有用であった。久住が同席している際には支援活動の実態を把握するように心がけ、適宜インタビューなどと共に観察や写真による記録を行った。

4．インフォームド・コンセント

　本研究における人物の写真使用および発言の抜粋については、当事者に研究主旨の説明ならびに原稿の確認を依頼し、許諾を得た。また、人名についても

確認をしたうえで実名を使用した。実名使用は和中および久住からの要請でもあり，匿名化された患者一般としてではなく，実在する固有の個人として研究に協力するという意義を強調するものである。

5．分析方法および手続き

　分析1においてはまず観察を通じ，場の成員についての情報や，和中の自室の間取り，和中の一日の療養スケジュール，家族およびヘルパーの活動内容など，場で日常的に生起する現象を広く捉えることに努めた。その後，箕浦(1999) に倣い，フィールドノートを精査し，療養生活に関わる現象のうち頻度の多いものについて注目し，これを観察のユニットとした。場での出来事の全体像をより的確に把握するために，用途が明瞭なものだけでなく，用途不明な事物および意味を判りかねる習慣などの気になった項目についてもまとめ，さらに観察はされなかったが存在が予想される事項についても同様に項目としてまとめ，これらを併せたものをエピソードとして122点抽出した。これをもとに，その用途や日常的な運用方法，いつごろから定着したものであるかなどの問いを立て，和中，家族，ヘルパーらにインタビューにて確認し補足することで場の人々にとっての意味や重要性を確認した。その後，和中の生活様相の全体像をより簡潔にまとめるために，オープン・コーディング（佐藤，2008）を参考に，エピソードにラベリングを行い5段階にわたり抽象度を高めていくことで最終的に9つのカテゴリとした。

　これらのカテゴリを最も適切に説明する分析枠組みを析出するにあたり，フィールドノートも再読しながら検討を行った。まず，横軸においては，場に通底する点として，和中自身の決定に基づいて（自律的に）療養生活が実践されていること，および和中の療養生活が「患者」としての立場（ポジション）のみならず，病いを持たない「生活者」としての側面も備えていることに基づき，分析枠組みを検討することとした。これらを踏まえ，横軸については，対人援助学における「自立」と「自律」の概念（望月，2010）および対話的自己理論のI-position 概念（Hermans and Kempen 1993）を用い，「患者としての自律」（患者としての立場から決定する），「生活者としての自律」（患者ではない生活者としての立場から決定する）を対置した。

縦軸についても，フィールドノートの再読を通じ検討を行った。場に通底する点として，療養生活の狙いは，「（深刻な状態への移行も含めた）悪化を防ぐ」側面と，「既に重篤な状態の中でも改善策を探す」側面を備えている。このことに基づき，分析枠組みを検討した結果，縦軸として「予防的対処」（（深刻な状態への移行も含めた）悪化を防ぐ），「対症的対処」（既に重篤な状態の中でも改善策を探す）を対置することが適切であると考えられたため，これを採用した。これらを4象限に配置することで全容を図示した（なお，より具体的な説明を行うため，コーディングの第4段階でのカテゴリをサブカテゴリとして併用した）。

分析2は分析1の結果を踏まえ，和中の生活のすべての局面において関与する人物として久住を抽出し，久住の行動を焦点化の対象とした。データのうち久住の支援について言及している箇所を対象に，オープン・コーディング（佐藤，2008）を参考に，エピソードにラベリングを行い5段階にわたり抽象度を高めていくことで最終的に3つのカテゴリとした。

分析1，2ともに筆者が分析を行ったが，分析1のラベリング，および分析2におけるカテゴリ名の適切さについては研究会において発表を行い大学院生7名とともに議論を行った。なお，本研究においては，観察された現象をそれぞれ単一のカテゴリへとまとめたが，現象の中には，単一のカテゴリに収めることが困難な多面的なものも存在しうる。これはコーディングという手法の限界でもあるが，本研究では，単一のカテゴリへとまとめることで，より端的に現象を記述できるという利点を重視し，コーディング時に複数名での議論の手続きを踏むことにより，より適切なカテゴリの析出に努めるものとした。

第3節　結果と考察（分析1）

場における療養の様式と具体的実践を図5-1に，コーディングの第5段階と第4段階のカテゴリとその関連を表5-2に示した。以下，関連するエピソードを引きながら，第1象限から順に詳細を論述する。

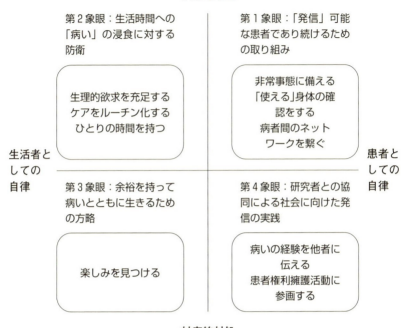

図5-1　在宅療養の場における和中の療養様式と具体的実践

1．在宅療養の場の療養様式の全体像
（1）第1象限：「発信」可能な患者であり続けるための取り組み

　第1象限には「非常事態に備える」「「使える」身体の確認をする」「病者間のネットワークを繋ぐ」の3カテゴリが含まれる。この象限では，病いとともに生きながらも自身の意見を表明し社会との接点を保つための取り組みが主として含まれたことから，名称を「「発信」可能な患者であり続けるための取り組み」とした。

　「非常事態に備える」カテゴリは生命維持に直結する事項を含む。これは，和中が人工呼吸器装着中の重篤な患者であることを思い返せば理解に難くないであろう。和中のコミュニケーションは主として意思伝達装置もしくは身近な介護者への目配せによってなされるが，介護者がたまたま離室しているときに

第3節　結果と考察（分析1）

表5-2　カテゴリの対応関係

第5段階（最終段階）	第4段階
非常事態に備える	ブザースイッチで人を呼ぶ
「使える」身体の確認をする	機器の習得に努める
病者間のネットワークを繋ぐ	他の患者との交流および療養アドバイスと情報交換を行う
生理的欲求を充足する	姿勢および体勢を変更してもらう，目薬をさしてもらう，痰の吸引をしてもらう，食事をとる
ケアをルーチン化する	ヘルパーの教育をする
ひとりの時間を持つ	テレビを見る，読書をする
楽しみを見つける	散歩に行く
病いの経験を他者に伝える	闘病記などを執筆する，久住（技術ピアサポータ）へのフィードバックをする
患者権利擁護活動に参画する	研究者と協同研究を行う，遠隔通信によって意見表明する

痰の吸引などの必要が生じた場合，あるいは身体や呼吸器の異常時などの緊急時には，大きな音の鳴るブザースイッチを活用することで呼び掛ける。データ5-1に示したように，ブザースイッチの使用によってすぐに家族もしくはヘルパーが様子を見に来る。

〈データ5-1〉
和中のベッド付近。
ブザーの音が響く。
（和中のフットスイッチ。緊急用で家人やヘルパーを呼ぶためのもの）

ヘルパーが別室（台所で奥様と話していた？）から来る。
来たら，レッツチャットが動き出した。「吸引」。
ヘルパーは和中の顔を見て，「吸引？」，和中は目配せで応答。吸引作業が終わったらヘルパーは部屋から出て行った。

（2008年9月27日フィールドノート）

ここで重要となるのが機器の使い分けである。データ5-2においては，コミュニケーション経路を複数確保することが重要であること，また自身の病いの進行によってこうした機器の操作が困難となる場合も想定し，療養生活を行っていることが示されている。

〈データ5-2〉
(「機器の使い分けはいつごろ，どのようにして思い至ったのか」という質問に対して)

1998年ごろと思います。友人とメール交換をしていた時にパソコンのスイッチがずれてコールが鳴らせなくなった。とかよく聞きました。
それでコールを鳴らす所は少なくとも二ヶ所が必要だと思いました。スイッチも今打てていますが，打てなくなれば次は何処で打てるかといつも考えています。

使い分けは，介護者が同じ部屋にいる時はレッツチャット。
別の部屋や洗濯物を干しに行っている時はフットスイッチで廊下に置いてる呼び鈴を鳴らします。
それでも来ない時はパソコンで自分の家にFAXを送って電話機のベルを鳴らします。

妻が市場へ行ってた時や買い物に行って一人で留守番している時に携帯電話にメールを送って呼びました。精神的に疲れるので今はしていません。(和中)

(2009年1月26日，メールでのやりとり)

「「使える」身体の確認をする」カテゴリは，こうしたコミュニケーション方法を維持，あるいは習得していくための取り組みを指す。データ5-3は和中がパソコンを用いたコミュニケーション方法を習得し始めた当時を振り返っての語りである。中高齢になってからの発症が多いALSにおいてはこうしたIT機器への慣れという問題が非常に大きくなることに加え，身体の機能低下という問題もある。進行性の神経難病患者のコミュニケーションという問題および支援を考えるうえでは，日々変化していく身体の状態を踏まえながら，患者と

技術支援者が協同して取り組むことが非常に重要であると考えられる。

> 〈データ 5-3〉
> 入院中はスイッチに慣れ，長時間打てるようにと思い，病院で先生に身体の状態を書き始めました。2～3行の文章を打つのにも時間が掛かり疲れましたが，声を完全に失うとコミュニケーションが取れなくなると大変だと思い必至に打ち続けました。
>
> （和中のWebページより）

「病者間のネットワークを繋ぐ」カテゴリは，「他の患者との交流および療養アドバイスと情報交換を行う」サブカテゴリを含む。和中は患者アドボカシ活動に積極的なことで知られているが，公の場での発信だけでなく，メールなどインターネットを介して他の患者と療養技法の情報交換をすることで，身体の機能低下をなるべく軽度に抑えつつ生活を行うことを志向する。また，ヘルパーとの雑談の中でも，療養技法や他の患者の動向が話題になることがあり，ヘルパーもまたこうした情報についての提供を行っていた。

総じて，第1象限は，日々進行していく病いを見据えながら，いかに身体機能や社会的紐帯を保っていくかという点に関する現象を含むものであった。

（2） 第2象限：生活時間への「病い」の侵食に対する防衛

第2象限には「生理的欲求を充足する」「ケアをルーチン化する」「ひとりの時間を持つ」の3カテゴリが含まれた。この象限では，病者ではあるがあくまで通常の日常生活を生きる「生活者」に立脚し，時間を作っていくという取り組みが主として含まれたことから，名称を「生活時間への「病い」の侵食に対する防衛」とした。

「生理的欲求を充足する」カテゴリは，サブカテゴリとして「姿勢および体勢を変更してもらう」「目薬をさしてもらう」「痰の吸引をしてもらう」「食事をとる」を含む。「姿勢および体勢を変更してもらう」についてであるが，ALSにおいては褥瘡（床ずれ）が生じにくいことが知られている（尾野，2007）が，姿勢の変更を要求することは褥瘡回避以外の原因によっても生じる。データ

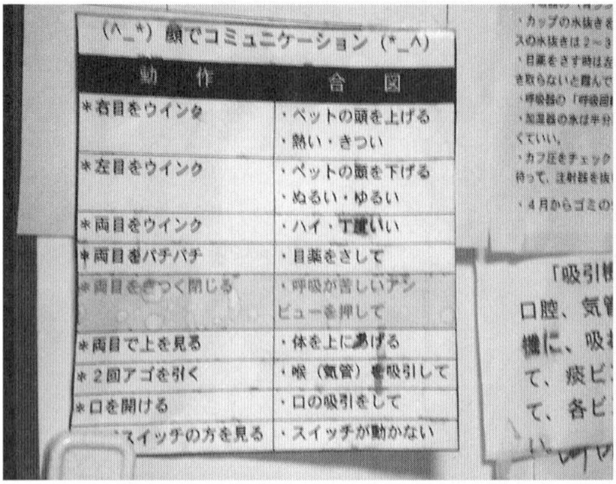

図5-2　コミュニケーションする際の定型

5-4においては「おさまりが良い」姿勢を探すことの難しさが,「タオル1枚の高さ」という表現で一層際立っている。身体性の障害を持たない者はこうした身体の微調整を無意識的に自分で実行しているために気づくことが難しい点でもある。「目薬をさしてもらう」という項目は, 瞬きが困難あるいは低下した患者の場合にまず考えられるが, 和中の場合はITを用いたコミュニケーションや作業を積極的に行っているが故の「ドライアイ」症状として生じている面もあり, たびたび目薬が必要となる。「痰の吸引をしてもらう」については, 喉の筋肉の低下や人工呼吸器装着によって必要となる処置であり, よくみられる。そのため, レッツチャット（パネル上の文字および項目が一定の時間間隔で自動的かつ順番に点灯し, 操作者の希望する箇所が点灯した際にスイッチを押すことで「入力」の信号が送られ, 操作が成立する）においても, 選択しやすい箇所に置かれている（レッツチャットにおいてはパネル左方向から右方向へと順に画面上が走査されていくため, 利用頻度の高い項目については, より早い段階で入力可能なように左側に配置されている。選択する文字・項目は, ユーザ側によって調整が可能となっている）ほか, 顔によるコミュニケーションにおいても所定の手続きが決まっている（図5-2）。「食事をとる」は胃瘻による栄養摂取という形をとっており, 通常の食事と同様にある程度の決まった時間になされる。

〈データ5-4〉
腕のシワをなおせない状態とか，目の前にいるハエや蚊を払えない。
タオル1枚の高さ調整で楽さが変わる。
外出時に調整に30分とかいう話も。
「おさまりが良い」という感じ（以上，妻の発言から）。
（2007年9月15日フィールドノート）

　次に「ケアをルーチン化する」カテゴリについて述べる。このカテゴリには，「ヘルパーの教育をする」が含まれる。ALS患者自らがヘルパーの研修の場を提供し，かつ派遣するという事業の成功例は橋本みさおによる「さくらモデル」（山崎，2006）が知られているが，和中の場合はここまでの水準ではないにせよ，自らが新人ヘルパーの研修役という意識を持ち，ヘルパーと接している。本研究のフィールドワークにおいて最も多くの場で同席したヘルパーの一人も，「研修生」という立場の頃から和中宅にて業務に就いており，和中への介護を続けるなかで現在の「一人前」の状態になったという。和中は，ヘルパーが「慣れた」と感じるのは顔の表情をはじめとしたアナログな伝達手段の理解がスムーズにこなせるようになったときであると述べている（データ5-5）。こうしたアナログな手段への慣れはヘルパー同様に，家族の側にも時間経過とともに生じてくるものである。データ5-6においては，「用事は毎日の繰り返しだから次は何をして欲しいのか家族も判る」とあり，日々の生活のなかで必要となる処置をなるべく簡潔にかつ正確に進めていくための方策としてルーチン化がなされていることがうかがえる。

〈データ5-5〉
ヘルパーさんが慣れたと感じるのは，顔の表情，口パク，口で50音を使ってスムーズにコミュニケーションがとれるようになったときです。
コミュニケーションがとれれば安心して任せられます。
コミュニケーションてすごく大事ですね。（和中）
（2009年1月26日，メールでのやりとり）

> 〈データ 5-6〉
> （伝の心以前にはどのようにコミュニケーションしていたのか，という問いに対して）
> 「自然と口の動きで伝えるようになった。家族には少し口を動かせば何を言いたいのか判ってもらえる。用事は毎日の繰り返しだから次は何をして欲しいのか家族も判る。でも苦しい時に口をハッキリ動かせない。家族がベルで呼んでも来ない時は FAX を送って電話を鳴らして呼ぶ」（質問に対する和中の回答。伝の心上に表示）
>
> （2008 年 12 月 21 日フィールドノート）

「ひとりの時間を持つ」カテゴリは，フィールドワークという研究法上，研究者が場に存在しない状況についての把握が不可能であったことから，問いに基づいたインタビューによって構成されたものである。当カテゴリには「テレビを見る」「読書をする」というサブカテゴリが含まれる。これらの行動は身体の障害を持たない者には何ら苦労なく行えるように思えるが，重篤な ALS 患者においては様々な条件が満たされてはじめて可能となるものである。たとえば「テレビを見る」という行為は電源を入れるために「リモコンの操作」もしくは「テレビの近くへの移動」という動作を要求する。和中においてこれを可能としているのは「伝の心」である。技術ピアサポータ久住の支援とともに，「伝の心」の機能の一部として備わっているテレビリモコン機能が使用されていることが言及されている。

「読書をする」については，「本を立てる」「ページをめくる」といった動作が困難となる。和中の場合は専ら電子テキストの形で提供を受けることによって読書を行っている。ただし，電子テキストそのものがコピー等の問題によって普及が促進されづらい状態（2008 年時点）にあるという当事者視点の指摘もある（データ 5-7）。

〈データ5-7〉
「テキスト形式とか，PDF でも読めるんだけど，今はコピーができてしまうから，1つ手に入ったら流す人とかいて，あんまり進んでない。」(久住)
(2008 年 12 月 21 日フィールドノート)

　当カテゴリにおいて重要なのは，和中が「ひとりの時間を持つ」ことと，「家族が周囲に（常に）いる」という相反する問題が，コミュニケーション技術によって解決されている点である。たとえば和中がテレビのチャンネル変更を希望するたびに家族の対応が求められるとしたら，家族は常に和中の傍に居ることが必要となり，結果として家事をはじめとした家庭の作業に影響が出ると予想される。その一方で，和中の周囲に介護者がおらず一人きりという状況は，和中の生命を維持するという観点では可能な限り避ける必要があると考えられる。在宅療養生活において想定されるであろう，このような事態に対して，和中宅においては，必要に応じて和中が家族を呼ぶことができるために，和中自身が「ひとりの時間を持つ」ことが可能となっているのみならず，家族も「介護につきっきり」という状態になることなく，日々の生活上の作業を遂行することが可能となっている。

　この点についての，より具体的な内容は，第1象限における「非常事態に備える」カテゴリにおいて示されている。すなわち，非常時の対応も含めたコミュニケーション径路が多層に保たれていることが，和中の「ひとりの時間」に繋がっている。病院の生活が時間割などによる統制を伴うのに対し，在宅療養の場において患者である和中自身が時間を管理し，運用していることは重要な事実である。

（3）　第3象限：余裕を持って病いとともに生きるための方略
　第3象限は「楽しみを見つける」カテゴリで構成される。この象限では，極めて重篤な症状への改善策を探りながらも，日々の生活の中で楽しみを見つける取り組みが含まれたため，名称を「余裕を持って病いとともに生きるための方略」とした。

「楽しみを見つける」カテゴリのサブカテゴリは「散歩に行く」である。和中にとって外出が日常的に楽しむことができる「娯楽」となっていることは育美の発言から示されている（データ5-8）。散歩は，「週1回」という大まかなスケジュールは組まれているものの，実際には和中自身の判断によって，本人にとって適切と感じられる状況で行われる。身体の機能障害の故に，車椅子への乗り降りなど，移動のすべての局面で介助が要請されるものの，介護者への依頼やスケジュールそのものの管理は和中の判断によって実践されている。病いとともに生きながらも，「生命維持」や「闘病」といった側面にのみ注力するのではなく，必要なときには介助を依頼し，自ら楽しみを見出しながら生を営みうることがここで示されている。

〈データ5-8〉
「外出は唯一の楽しみ」（育美）
　　　　　　　　　　　　　　　　　　　（2007年9月15日フィールドノート）

（4）　第4象限：研究者との協同による社会に向けた発信の実践

　第4象限には「病いの経験を他者に伝える」「患者権利擁護活動に参画する」の2カテゴリが含まれた。この象限では，症状の改善策を探りながらも，むしろ患者であるという自分の立場を前面に出すことによって他者との接点を構築したり，社会に向けた発信を行うことを志向する事項が多く見られた。名称を「研究者との協同による社会に向けた発信の実践」とした。

　まず「病いの経験を他者に伝える」カテゴリであるが，これには「闘病記などを執筆する」，「久住（技術ピアサポータ）へのフィードバックをする」サブカテゴリが含まれる。

　「闘病記などを執筆する」においては，主に患者としての自分の生活実態の社会に向けた提示や，療養経験を他の患者へ伝えることを目的とした情報発信などが含まれる。また，患者の権利擁護のための会合や運動に対して寄稿することもある。データ5-9においては，「尊厳死」の阻止というテーマの会合のために執筆した文章について，和中が水月に確認を依頼している場面が示され

ている。「尊厳死」について和中は反対の立場をとっており，ある ALS 患者が医師から告知されずそのまま亡くなったという報道がなされた直後のフィールドワークということもあり，こうしたやりとりになった。

　ここで重要となるのは，データ 5-9 において「そんなんやってたんや，知らんかったわ」（育美の発言）と示したように，和中の行動を育美が把握していなかったという点である。「全制的施設」（Goffman, 1961）の特徴の一つが時間割などによる生活時間の制限であるのに対し，本事例において時間の利用が患者である和中自身の配分に任されていることは，医療と異なる文脈としての在宅療養を特徴づける点の一つと言える。また，第 2 象限の「ひとりの時間を持つ」カテゴリにおいて示したように，時間配分の自由はコミュニケーション機器の配備がなされていて初めて実現されるという点は，和中のみならず広く患者の「自律」的生活を実現するうえで重要である。

〈データ 5-9〉
和中，文章のファイルを開く。
和中「よんで，へんじゃないか」（レッツチャットにて）
和中「とうきょうで，くばられる　そんげんし，そしのかい」（レッツチャットにて）
育美「そんなんやってたんや，知らんかったわ」
　　　　　　　　　　　　　　　　　　（2008 年 3 月 30 日フィールドワーク）

　「久住（技術ピアサポータ）へのフィードバックをする」は，久住から提供された支援機器およびインタフェースの使用感や性能について，和中が久住に対して行うフィードバックを指す。フィールドでの久住の活動は多岐にわたる。和中の日々変化していく身体状況に合わせ，インタフェースの製作，部屋の配線処理，パソコンの設定などを行っていく。実践のなかでは，久住自身が和中に対して感想を尋ねる場面が散見され，また和中自身もフィードバックの重要性を強調する（データ 5-10）。ALS 患者への IT サポートにおいては，第 2 象限「生理的欲求を充足する」の「姿勢および体勢を変更してもらう」に示した患者特有の身体感覚への理解が不可欠となる。しかしながら，症状の進行とと

もに自由が利かなくなっていく身体の感覚は伝えることが難しい。データ5-11は久住が自らの身体感覚について述べた箇所であるが，他者へ伝えるための「言葉」が見つからないことが示され，インタビューの最中にも「右手をブラブラ」させるなど伝え方を模索しながらも，表現しあぐねる様子がうかがえた。

〈データ5-10〉
久住「今度感想聞かせてな」

和中「本人が意見を言わないといいものができない」（Macintosh 上に）
和中「あてがわれるのが辛い」（同上）

（2007年9月15日フィールドノート）

〈データ5-11〉
研究者「重力に逆らえん？」
久住「そういうのじゃのうて…重みじゃなくて異次元に引っ張られてる感じ。体のなかにエイリアンが…と言う人もいる」
＊そういいつつイスに座りながら右手をブラブラして表現。

（2008年6月28日フィールドノート）

「患者権利擁護活動に参画する」カテゴリは，サブカテゴリとして「研究者と協同研究を行う」「遠隔通信によって意見表明する」を含む。「研究者と協同研究を行う」は本研究のフィールドワーク自体が一例として該当するものと考えられる。他方，「遠隔通信によって意見表明する」は，在宅からでも講演会や研究会に参加することができることを示しており，患者の発言の場を確保するという点で非常に重要な径路であることを示している。また，遠隔通信を通じた患者参加の場の例として，大学での病いや障害をテーマとした講義に映像およびチャットで登場した事例もある（市山・田坂・日高・水月・大野, 2009）。

現在のところ，政府の開催する会合などの公的な会議において患者が遠隔通信にて意見表明をするという段階にまでは至っていない。しかしながら，このようなコミュニケーション方法が確保されていることは患者権利擁護の観点か

らも重要となるだろう。

2．小括：場に通底する「他律の回避」

　本フィールドに通底するのは和中の行動における「他律」（他者が選択する）の回避であるとともに，「自律」（自分で選択する）によって維持される行動の追求である。現場では，日常的にある程度決まった回数，時間で生じる事柄については「ケアのルーチン化」として和中への確認を最小限で済ますような工夫が行われていることは既に示した。一方，不規則的，臨時的に生じるようなケアの場合や，和中の求める内容が不明瞭な場合には，家族・ヘルパーは必ず和中への確認を行った。

　こうした場の秩序が崩れるのは，場への新規参入者が現れたときである。データ5-12は筆者がはじめて和中宅へフィールドワークで訪れた際のエピソードである。和中と会話をしていた際に，和中が意思伝達装置上に一文字ずつ文字を紡いでいくことを待ち切れず，途中で内容を推測して発言したという一部始終である。これに対しては後ほど育美より指摘を受け，その際にはじめて自身の行動が場において不適切であると理解した。「他律の回避」という観点から見れば，筆者の行動は，発言途中（最中）の言葉に対する割り込みに

〈データ5-12〉
和中さん，おもむろに伝の心からOutlookExpressでメール確認をしてみせてくれる。
ご友人の祭り写真。
妻「まだお会いしたことないですが」
　「何処の人？」「遠い？」
和中「とう…」（レッツ上に）
妻「遠い？」
日高「東京じゃないですかね」
この発言自体の是非。
以後は意識的に，割り込まず，勝手な補完をしないようにした。

後に，遮らないようにという話が奥さんから。

（2007年9月15日フィールドノート）

よって，和中の言葉の選択という（和中の）自律を妨げるものであったと考えられる。あるいは，我々は病者と接する際には他律的な振る舞いに陥りやすいと言えるのかもしれない。

さて，このような「自律・自立／他律・他立」概念は QOL の観点でも用いられる。望月（2010）は行動分析学に基づく対人援助学の見地から，「自立」のみの方向ではなく他者もその援助作業に介在させた「他立的自律」の重要性を主張している。すなわち，「単独でできる」ことだけでなく，必要に応じて（自らの選択によって）支援者の手を借りながら行動の選択肢を拡大することに QOL を見出すべきという主張である。

また，「他律の回避」を実現するうえでは，和中のコミュニケーションが活発かつ効果的になされるように環境が整備されていることが極めて大きな影響を与えている。「ひとりの時間を持つ」カテゴリに示されているように，必要とあれば家族やヘルパーを呼ぶことができることによって，能動的な療養の主体として和中が位置づけられるのではないだろうか。

以上のように，分析 1 においてはフィールドにおけるコミュニケーション支援の重要性が示唆されたため，続く分析 2 においてはコミュニケーション支援の担い手である久住に主な焦点を当て，その支援の全体像を明らかにするとともに在宅療養特有の支援のあり方を論じる。

第 4 節　結果と考察（分析 2）

久住がどのような支援を行っているのかという点について理解するために，久住の支援について言及された箇所を抜粋し 3 つにまとめた。カテゴリ名は「生活現場の文脈を理解した包括的サポート」「患者との感覚の共有」「ピア目線の交流」とした。以下，順に詳細を説明し，続いて久住の支援に通底する要素について議論する。

1．技術ピアサポータ久住のコミュニケーション支援の全体像
（1）　生活現場の文脈を理解した包括的サポート

久住のコミュニケーション支援は，主として入力インタフェースの提供とメ

ンテナンスという形で実践されている。意思伝達装置はコンピュータとコンピュータへの入力インタフェースという構成を基本とする。ALS患者は可動部位も個人ごとに異なる場合が多く、また病いの進行に合わせた微妙な調整も要請される。

図5-3は、日本ALS協会から提供を受け、和中が2007年3月以前に使用していたインタフェースであったが、症状の進行とともに左手の機能が低下し

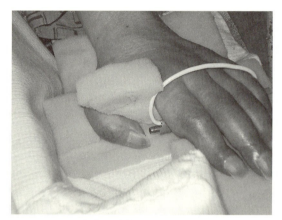

図5-3 和中が以前使用していたインタフェース

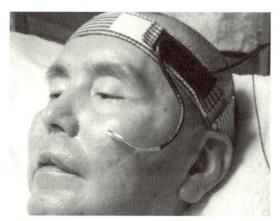

図5-4 和中の用いる入力インタフェース（左頬を接触させ、信号を送る）

たため，対策が必要となった。図5-4は久住の製作による，現在の和中が使用しているインタフェースである。インタフェースについては実際に使用するうちに判明する問題点も多く，たとえばインタフェースとそれを固定するベルトの接触感などについては，手軽に入手できる安価な日用品のカスタマイズによって解決が図られている（データ5-13）。

〈データ5-13〉
「前回まで使用していたのはベルトだったんですけど，ベルトは痛いということで，家で改良してマジックテープを使っている。最初はベルト穴に差し込む形式だったが，それだとグラグラするということもあり，マジックテープになった。いろいろなバージョンがある」（育美）

（センサーの接触部が丸く加工されている理由は？という問いに対して）
「接触という点では「面」のほうが接触率が高いが，吸着が起きるという問題がある。本当はマドラーなど先が丸くなったような「球」が一番いいが，最近は見つからない。（中略）先をクリッとターンしておけば皮膚の接触感も良い。以前は雑なヘルパーさんがペンチでぎゅっとやったんやけどギザギザになって痛いと。それで丸くした。」（久住）

（2008年4月8日フィールドノート）

　インタフェース提供による支援がなされる一方で，在宅療養においては家族やヘルパーなど患者と生活を共にする人々の活動が存在するため，インタフェース以外の問題が患者のコミュニケーションの妨げになる場合もある。データ5-14では，和中宅にパソコンを導入した際に，業者が大量の配線をそのまま畳の上に置いていったエピソードが語られている。配線が問題視されるのはなぜだろうか。

〈データ5-14〉
「（パソコンの）セッティングに来た兄ちゃんは配線を下にゴロゴローって。ちょっと待てよーって」（久住）
＊語りデータ中の（　）は文脈を分かりやすくするために筆者が補った。

（2008年4月8日フィールドノート）

在宅療養の現場においては，家族やヘルパーなどがひっきりなしに，人工呼吸器に関わる器具の洗浄や，痰の吸引，さらには床ずれにならないために動かすなどのケアで忙しく活動している（図5-5）。こうした事態に伴い，普段はベッドの横に置いてあるパソコン一式（図5-6）が作業の妨げとなるため，一時的に他の場所へと移動させなければならなくなる。

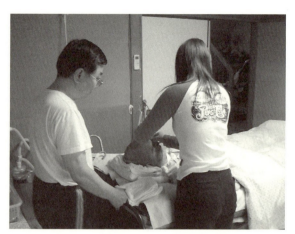

図5-5　和中へのケアの一例（痰の吸引）

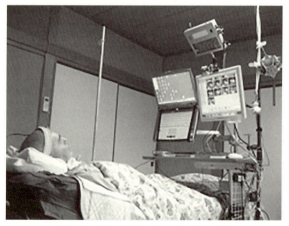

図5-6　和中が利用しているパソコン環境

56　第5章　研究1：在宅療養におけるALS患者のコミュニケーション支援の実際

図5-7　カーテンレールによる配線固定（天井の高さを示すため，協同研究者（初出論文における第二著者）が手を挙げている）

　このように人や物が頻繁に動く現場において，足元に配線が散らばっていることは，不便な状況であるばかりでなく，家族やヘルパーに危険さえもたらしうる。久住はこうした事態に立ち会って，その場で，すぐに配線を問題視し，市販のカーテンレールを天井に設置することで対応を行った（図5-7）。
　以上を踏まえ，「生活現場の文脈を理解した包括的サポート」の特徴を2点にまとめる。第1に「機材の導入だけでなく，実際の使用段階で判明する問題への対処」，第2に「患者の生活現場の文脈を踏まえた，患者，ヘルパー，家族の生活に配慮した支援の実践」である。

（2）　患者との感覚の共有
　久住によるコミュニケーション支援は，生活現場の文脈の理解に基づいた和中および家族へのアプローチを含むのみならず，「患者（和中）との感覚の共有」を通じ，ALS患者である和中の抱える特有の身体症状や身体感覚への配慮および対応を図るという側面を持つ。ALSは進行性の病いであり，身体機能や身体感覚などが日々移ろって行く。したがって，「前日までは利用可能であったインタフェースが今日は利用困難となる」といった事態が生じる。このため，

支援者は，電子技術や機械工作などの技術的側面に熟達しているだけでなく，ALS の症状や特有の身体感覚へも精通したうえで，機器の操作しやすさや操作感の調整および改善などの実務を遂行することが求められる。

　ただ単に，「機械を動かせるようにする」ことだけを支援の目的にするのであれば，より負荷や抵抗の少ないインタフェースを提供することが要請されるかもしれない。しかしながら，ALS 患者へのコミュニケーション支援においては，患者一人ひとりの身体機能の違いや生活の違いを理解せずに機器だけを提供してしまうという失敗が頻発し，一方的な支援が患者への負担ともなりえることが指摘されている（渡辺，2009）。また，ALS 患者が持つ身体感覚を共有することの難しさや，それを言語的に説明することの限界も久住によって言及されている（データ5-15）。このように，ALS 患者へのコミュニケーション支援における「患者との感覚の共有」は極めて重要であると同時に困難な課題ともなっている。

〈データ5-15〉
（ALS の症状にまつわる身体感覚はどのようなものか？という問いに対して）
「今まで生きてきた中で体験したことが無い感覚」（久住）
　　　　　　　　　　　　　　　　（2008 年 4 月 8 日フィールドノート）

　このような状況のなかで，久住は「押した感覚」（データ5-16）を重要視し，「あえて負荷のかかるインタフェースの提供」を行っている。その理由として，久住はインタフェースを利用しコミュニケーションを行う一連のプロセスの中に患者が自身の身体への自信を見出しうるという主張を行っている（データ5-17）。久住の主張に対する医学的な真偽は不明であるし，こうした視点に基づいて製作されたインタフェースは，一見すれば和中にとっての新たな課題（操作に熟達するための練習や，残存する身体機能の行使や探索）を増やしているようにも捉えられるが，実際には和中は市販品よりも久住の製作したインタフェースを歓迎している。患者の立場に立った支援が求められるのは当然で

あるとも言えるが，コミュニケーションにおける身体の行使が，単に意思疎通という目的を越えて心理的な影響も与えうるという点に着眼して久住のコミュニケーション支援が実践されていることは，注目すべき事実であると言えるだろう。

〈データ 5-16〉
（感度の良いインタフェースが必要なのか，ベストなのか？という問いに対して）
「でも和中さんはまだ押した感覚が欲しいはずやし」（久住）
（2008 年 4 月 8 日フィールドノート）

〈データ 5-17〉
「押した感覚があることによって，患者は押す機能が残存しているということを自覚できる。これがなくなると，患者は機能を失ったと思って，自信を失い，病状が悪化する」（久住）
（2008 年 4 月 8 日フィールドノート）

（3） ピア目線の交流

　久住の支援は，生活現場の文脈の理解，および患者の身体感覚の共有という側面に加え，和中との「ピア目線の交流」を通じ，和中と久住の間でのコミュニケーションを充実させていくことも含む。久住は支援技術を提供する支援者であるが，同時に和中と同じ ALS という病いを持つ患者という立場を共有する「ピア」でもある。一般に「ピアサポート」は福祉，保健，学生支援といった領域で行われており，言葉による心理的援助だけでなく実質的，行動的援助も含むとされる（大石・木戸・林・稲永，2007）。一方で，久住の実践する「技術ピアサポート」は具体的な機器の提供や，和中と久住が互いに病いの進行の渦中にあるという点でまた異なる位相があると考えられる。

　「ピア」としての両者の関係は支援にどのような形で反映されているのだろうか。「ピア目線の交流」カテゴリにおいては，久住の支援が日常的に和中と友人として接するなかで構築されてきた互いの信頼関係に基づいて実践されて

いることが示されている。たとえばデータ5-18において和中は「そんけい」という語を用いて久住との関係を述べている。この言葉は，和中にとっての久住が単なる支援技術提供者としてではなく，「信頼関係」を持った相手として位置づけられていることを示唆する。こうした関係性はサポートの文脈にとどまらない「交流」から構築されている。データ5-19は台風が接近してきた際に久住と和中の間で交わされたやりとりを示している。和中の自宅は海岸に近く，台風によって海が荒れることで「自宅が海に浸かるのではないか」という「冗談」を言い合っているというのがエピソードの要旨である。

〈データ5-18〉
「久住さんはできない，しらない，ぜったいいわないからそんけいする」(和中)
＊和中の発言は原文ママ
(2007年9月15日フィールドノート)

〈データ5-19〉
「メールでね，台風近付いてきたから大丈夫か？と久住さんから連絡が来るんですよ。
それで浮き輪を用意しとかないといけないのではと言われるんですね。
こっち(和中)はね，エアマットあるから大丈夫っていうんですね。
しょうもないなぁ二人ともって」(育美)
＊語りデータ中の(和中)は発言者を示すために筆者が補った。
(2008年9月27日フィールドノート)

もちろん実際に家屋が浸水したという事実はなく，こうしたやりとりは「支援」の文脈からは外れた「余分」なものとして捉えられるかもしれない。しかし，「浮き輪を用意しとかないといけないのでは」という久住の発言は，ベッドで療養しているという和中の状況を踏まえたうえで初めて可能となるものであり，和中の生活環境の理解を背景としている。この関係は何度も，様々な支援機器を試し検討していくプロセスの中で久住と和中の間に成立したものであると考えられ，業者的な有料かつ単発的な支援技術提供とは対照的でもある。

データ5-20においては，久住が和中に対して率直な物言いを多用することが示されているが，和中もまたインタフェースの使用感などについて久住と頻繁に対話を行っており，互いの信頼関係に基づいた継続的な体制の中で支援機器を洗練していくプロセスが両者の間に存在することが示唆されている。

〈データ5-20〉
（久住の性格について）
「ズバズバ言いますよ」（育美）
(2008年9月27日フィールドノート)

2．小　括

　久住の支援は単なる技術の提供だけでなく，継続的な支援活動の中で交わされてきた和中－久住間の対話を通じ，洗練されてきた背景を持つ。特に，和中の生活環境や身体機能に対する知識と洞察に基づいて提供される種々の支援は，患者一般ではなく和中個人にとって最も有用であることが志向されている点で通底していると言えるだろう。

　「個別性」に注目する支援は，業者による同一規格の製品の大量生産という方法との対比において，より手間がかかり高額なものに思われるかもしれない。しかしながら，実際には，業者によって提供された機器であっても，技術ピアサポータ久住によって，必要に応じてカスタマイズされていた。つまりピアサポーターの「ローカル・ノレッジ」(Geertz, 1983) に基づき，安価な道具と日用品のカスタマイズによって個別性の高い環境が実現されていた。

　入手が容易な事物で支援を実践することの意義は，費用が比較的安価であるという経済的側面での利点に留まらず，家族やヘルパーなど技術の素人であってもメンテナンスが容易になるという点にもある。カーテンレールの工夫（図5-7）を例にとれば，久住の実践は，これまでは家具（日用品）であった事物に，（パソコンの配線処理のための）支援道具としての新たな用途を見出すものであった。このように，久住の支援においては，家族やヘルパーの日常生活

や作業へも配慮したうえで，既存の事物をカスタマイズし，和中の「自律」のための道具へと変容していくプロセスが存在することが示唆された。

このような個別的な支援は，和中に対して単に利便性の向上を与えるだけでなく，久住という個人とのコミュニケーション自体から生じる充足感を得る機会をも与える。従来の病者へのコミュニケーション支援は，特に症状が重篤になればなるほど，（たとえば生命維持に必須となるような）最低限のコミュニケーションの確保へと焦点化されざるをえない面があった。しかし，本研究においては，和中と久住が「ピア目線の交流」を通じ，（生命維持には直結しないばかりか）生命が脅かされるかもしれない事態についての「冗談」を言い合うような関係を構築しており，こうした余剰ともとれるコミュニケーションが実現することが，充実した支援の一部を構成していたと言える。つまり和中にとって，ピアサポータたる久住に対する機器修理（改善）要求は，細かな要求を久住へと伝えることによって身辺環境としての機器の機能が向上し，コミュニケーション方法が容易になるという機能的側面での支援に留まるものでなく，コミュニケーションによる対人関係の深化を伴う実存的支援の側面を持つものであることが示唆されたのである。

第5節　総合考察

本研究においては重篤な症状を示す神経難病であるALS患者の在宅療養の場をフィールドとし，以下2点の観点を提示した。第1に場に通底する「他律の回避」とそれを担うコミュニケーション支援（分析1），第2に「ローカル・ノレッジ」に基づいた支援の存在（分析2）である。

分析1では，医療の文脈の流れる病院における「患者」と異なる，在宅療養という文脈の中での「生活者」という視点を提出した。単に在宅療養を行うのではなく，「他律の回避」を可能とするためのコミュニケーション方法を確保することこそが，病者ではあるものの患者ではないという和中の位相を捉えるうえで，重要であった。

分析2において示したように，久住の支援においてはあえて「負荷のかかるインタフェース」を提供することにより，患者が身体を行使する機会を生成し，

それが患者にとっての自信に繋がるだけでなく，コミュニケーション自体についての心理的な充足感をも生み出していることが示された。久住の支援は，和中が現状でできること（残存する身体機能）を把握したうえで，時には雑談などの相互作用を交えながら，和中の身体機能の（今後の）変化や，それに伴って生じる機器操作や生活上の課題に，和中と協同で取り組むプロセスであったと考えられる。

　これは発達心理学における「足場かけ」(Bruner, 1977) の概念に相当する実践であると考えられる。Bruner (1977) は，ヴィゴツキーの「発達の最近接領域」(Vygotsky, 1931/1999) を手がかりとし，文化と発達の相互作用という観点から，母子関係のコミュニケーションによる初期発達と言語の関係を検討し，独力で物事に習熟するという発達観に転換を迫るとともに，人は仲間同士あるいは養育者との相互作用に埋め込まれた「足場かけ」を通じ，高次の能力や技能へと到達するという論点を提示した。この「足場かけ」のプロセスを通じ，対象者は自立したコミュニケーション行動を形成していくとされるが，本研究における事例は，まさに，「ピア」（仲間）である久住がコミュニケーション方法（機器）という足場を設けることで，和中の自律的なコミュニケーションへと繋げていたと言えるのではないだろうか。

　また，本事例は他立的自律を実現しているという点において，対人援助学の行動的 QOL の観点からも重要である。望月 (2010) は行動分析学に基づく行動的 QOL の指標として「当事者が正の強化で維持される行動の選択肢の拡大」を挙げており，他者もその援助作業に介在させた「他立的自律」を重要視する。和中が必要に応じて他者に働きかけ，自らの療養環境と主体的に関わりうることは既に示されている。チクセントミハイとロックバーグ＝ハルトン (Csikzentmihalyi and Rochberg-Halton, 1981/2009) によれば，「物」は人間の行為や思考の範囲を拡大したり制限したりするとされるが，和中にとっての入力インタフェースは文字通り社会とのインタフェースであり，身近な人々とのコミュニケーションのみならず，在宅に居ながらにしての活発な情報発信をも可能としていた。

　本研究は約 1 年半にわたるフィールドワークを通じ，患者の生をつぶさに記述することで，エスノグラフィとして場の全体像を描き上記の知見を提出しえ

たものである。一方で，今後の課題として以下3点が明らかになった。第1に，本研究では和中の位相を「患者」と「生活者」に二分しているが，この位相についてはより詳細な検討が要請される点である。第2に，和中と久住がどのように出会い場を構築してきたか，といったプロセスの問題である。第3に，あまりにも多様な相を示すフィールドの現象からどのように焦点化すべき対象を見出していくかという点である。一例として，コミュニケーション障害を持つ者への支援という側面に着目するのであれば，拡大・代替コミュニケーション（Augmentative and Alternative Communication，以下 AAC）の研究とも接続できる可能性がある。AAC は障害児者のコミュニケーション支援として相当の蓄積を持っており，日本においても利島（2001）や中邑（2001）など，先駆的な研究を続けている研究者が存在する。これらの点については本章では論じきれないため今後の課題とする。

　最後に，エスノグラフィおよび質的研究法の今後について私見を述べたい。フリック（Flick, 1995/2002）は質的研究におけるデータの分析法をカテゴリ化とシークエンス分析の2つに大別し，エスノグラフィにおいて中心的に用いられる方法として前者を挙げている。従来，エスノグラフィにおいてプロセスを描く際には，観察の結果得られたカテゴリを構造として並べるという方法を採ってきたが，日々状態が移ろっていくような進行性の病いを扱うのであれば，より詳細に時間的変容を捉えるような分析法も要請されるであろう。また，近年ではヴィゴツキー（1970）の記号概念を取り込んだ文化心理学の領域において，場にとらわれずに文化を理解するための理論的基盤が提供されつつある（Sato, Fukuda, Hidaka, Kido, Nishida, and Akasaka, 2012）など，エスノグラフィを取り巻く状況は急激に変化しつつある。

　こうした研究方法論上の議論も含め，本研究は病者の生の分厚い記述を行うエスノグラフィを「ライフ・エスノグラフィ」として位置づけ，その可能性を世に問うものである。

第6章

研究2：ALS患者のリアルタイム
　　　　コミュニケーション可能性の検討

　本論文は，「ALS生活技術研究会」（2007年3月4日実施）の場において観察された，患者同士の，あるいは患者と周囲の者とのコミュニケーションの実相を検討するものである。同研究会は，ALS-ITプロジェクト（以下，ALS-ITP）の一環として開催されたALS患者および家族の交流会である。ALS-ITPおよび「ALS生活技術研究会」（以下，交流会）の実践概要（機材配置や準備・撤収作業時の出来事，ならびに技術的な問題など）については「インターネットを利用したALS患者集会の試み」（松原・水月・日高・サトウ，2007）において別途報告が行われているため，本章では，会の運営面については最小限の記述にとどめ，むしろ具体的なコミュニケーションの構造を分析することによって，場についてのより詳細な知見を得ることを試みる。

第1節　問題と目的

1．ALSの概要

　筋萎縮性側索硬化症は，身体を動かすための神経系（運動ニューロン）が変性することにより，筋肉が萎縮し，やがて運動機能を喪失する進行性・難治性の難病である。症状が出ても知覚神経，意識，知能は正常に保たれることが知られている（宮嶋，2006；日本ALS協会，2007）。

　以下，林（2005）の報告をもとに，ALSについて概観する。ALSではすべての随意筋に障害が生じる可能性があるが，その障害の程度や進行過程などは個人差がある。随意筋の障害とそれによって現れる症状について以下の5点にまとめられる。第1に手足を動かし身体を移動させる四肢体幹筋群であり，「手

でものがつかみにくい」などの症状が出る。第2に球筋群であり，これは顔面の表情筋と咀嚼などに働く橋筋群と，飲み込み（嚥下）や発声・発語に働く延髄筋群とに分けられる。症状としては，喋りづらさや嚥下の障害などが出る。第3に覚醒時の随意呼吸と睡眠時の自律性呼吸に関与する呼吸筋群であり，症状としては換気不全に由来する睡眠不足（睡眠障害）などが出る。第4に眼球運動やまぶたを動かす外眼筋群であり，眼球の動きに障害が生じる。第5に情動運動系の障害であり，情動的な表現をする表現筋が抑えられないために過度に泣いたり（強制泣）笑ったり（強制笑）する症状が出る。

　以上に挙げた障害とそれに伴う症状のうち，外眼筋群の障害は近年になって存在が認められてきたものである。ALSは，1869年にシャルコー（J. M. Charcot）によって初めて報告されて以来，呼吸筋麻痺までの対応と治療が考えられてきた。これを林（2005）は「今までのALS観」と呼ぶ。これに対して1980年代に入り，呼吸筋障害が生じた後でも療養が可能になった。このことから，呼吸筋麻痺後のALSの経過を含めてALSの医療・ケアを発展的に考えていくALSの見方を「今までのALS観」に対して「新しいALS観」と呼ぶ。

2．「新しいALS観」において生じてきたALS患者のコミュニケーション障害とそのサポート

　「新しいALS観」においては，呼吸筋麻痺後の療養が可能となっている。それに伴い，人工呼吸器装着のための気管切開や発話機能に関わる球筋群の麻痺による発話機能の喪失を背景とした，コミュニケーション障害の問題が生じてきた。

　この点については田中（2005）が詳しい。田中（2005）によれば，ALSのコミュニケーション障害は日常生活上で大きな問題となるが，残存している随意筋群機能を用いることによって，口（言葉）以外の新たなコミュニケーション手段を患者と周囲の者との間で作り上げていくことが可能であるとされる。目の前にいる人を相手にする場合は書字，口（言葉），電子機器，あるいは表情などを介したコミュニケーションが考えられる。また，目の前にいない人を相手にする場合でも，電子機器や「コミュニケーションエイド」と呼ばれるサポート機器（表6-1）を使用することによって意思疎通が可能である。

表6-1 コミュニケーションエイドの一例（田中・本間（2005）をもとに筆者が改変した）

種類	製品名	特徴
携帯用会話装置	トーキングエイド	50音文字盤のキーを押して会話やメッセージをつくり，それを音声出力と液晶画面表示で相手に伝えることができる「声の出る文字盤」。
	レッツチャット	文字盤のライトが点灯している際に入力スイッチを押すことにより文章作成が可能。作成した文章は音声で読み上げることもできる（ファンコム，2004）。
意思伝達装置	伝の心	パソコンと「伝の心」ソフトウェア，入力用センサー，学習リモコンから成る。パソコンのアプリケーション操作，インターネットへの接続機能などがある（株式会社日立ケーイーシステムズ，2007）。
	パソパルマルチ	会話や筆談が不自由で，パソコンやワープロなどのキーボード操作が困難な重度身体障害者（児）向けの意思伝達装置。体の一部で1つのセンサー（スイッチ）を動かすことでパソコン操作を行う。インターネットやメール，家電製品のリモコンとして使うことも可能（ナムコ，2007）。

　後者のコミュニケーションの例としては入院時のナース・コールなどが例として挙げられるが，こうしたサポート機器の使用は介護の文脈にとどまらず，患者の様々な表現活動にも役立っている。たとえば，患者同士のメール交換のようなコミュニケーションや，闘病記や歌集の出版といった表現活動を行う事例も多く報告されている（日本ALS協会，2006；豊浦，1996）。立岩（2004）は，患者がコミュニケーション手段を獲得した際の語りを概括し，「してほしいこと，してほしくないことを伝えることができると同時に，表現すること自体に意義が感じられる」と述べている。立岩（2004）の指摘は「表現」，あるいは「表出」という行動に対する患者自身の意味づけを表すものと言えるだろう。

このように，サポート機器の存在によって，患者は自らの思いを表現することが可能になってきている。「不動の身体」(立岩, 2004) を持ちながらも明瞭な意思を持った主体としての患者の姿が明らかになってきているとも言えるだろう。しかし，現状のコミュニケーション・サポートについては，その可能性が「私的」な部分に限定されているという問題点を指摘可能であると考えられる。ALS 患者のコミュニケーションの中には，交流という文脈でのメール交換や，芸術・表現活動だけでなく，会議への参加や政府との交渉など患者の権利を擁護するための公的な活動も含まれうるからである。こうした活動が注目を浴びること自体が，ALS 患者における「公的」コミュニケーション・サポートの不足を示唆するものと言えるだろう。

3．ALS-ITP の目的と意義

以上を踏まえ，ALS-ITP は，「公的」なコミュニケーションに患者がいかに関わっていくかを検討することを目標として活動を行った。具体的な目的は，会議におけるリアルタイム・コミュニケーションの可能性を検討するとともに，問題点を明らかにすることであった。前節の議論を踏まえ，本活動の位置づけを表 6-2 に示した。コミュニケーションのリアル・タイム性に焦点化すると，検討課題としては以下の 2 点が考えられる。第 1 に会話速度の面でスムーズな会話が行われているかどうか，第 2 に会話内容の面で意味の通ったやりとりが成立しているかどうかである。前者については特にチャットに対する慣れや入力機器の熟練の度合いによって差が大きいと考えられ，また場においても患者のコミュニケーション方法が携帯会話装置や介護者の代弁など多様な形式を取

表 6-2　ALS-ITP の位置づけと検討課題

		場の共有	
		有	無
会話内容	公的	ALS-ITP における会場でのコミュニケーション	ALS-ITP におけるチャットのコミュニケーション
	私的	電子機器，表情などのような従来の手段に基づいた日常的コミュニケーション	インターネットを介したメールなどのコミュニケーション

りうるために，速度を単純に比較することは妥当でないと考えられた。したがって，本報告ではスムーズさについては時間的な面をあえて捨象して，会話内容について検討していく。

またALS-ITPにおいては，研究者が当事者と協同して状況の改善を試みるアクション・リサーチ（やまだ・杉万・藤田・子安,2006；Lewin,1946）の形式を採った。ALS-ITPは企画・運営から患者との協同作業を行っており，当日の進行プログラムについても研究者，患者双方の発表があった。アクション・リサーチにおいては，実験室的研究の営みを現場に持ち込んで現実を動かすことの難しさが指摘されているとはいえ（浜田,2006），ALS-ITPではこうした事前の知見をもとに現場を構成するのではなく，手探り状態で実践に至ったことから既存のアクション・リサーチと異なる視座を提供できる可能性がある。また，ALS患者は症状の進度に個別性が大きいために，必要となるサポートのあり方も多様になると考えられる。したがって，統制の厳密さを以って妥当性と信頼性を主張する「一般的」な知見としてではなく，「うまくいった事例」のモデルとしての役割を果たす知見（サトウ,2006）を積み上げることを指向している点もALS-ITPの意義として強調できるであろう。

第2節　方　　法

観察日時　　観察は会の準備段階も含めて行った。具体的には2007年3月4日（日）の9時から16時までであった。

機材　　会場の記録用として，ビデオカメラ（Victor-JVC Everio GZ-MG47），およびデジタルカメラ（Canon IXY D70）を用いた。ビデオカメラは，操作を行うことでスクリーンや患者の様子を撮影できる位置に固定し用いた。デジタルカメラは筆者ら（日高，水月，サトウ）それぞれが持ち，必要に応じて移動しながら撮影を行った。患者のチャット用ソフトウェアとして，インスタントメッセンジャー（以下，IM）を用いた。IMとはインターネット上で同じソフトウェアを使用する者同士でのチャットを可能にするソフトウェアの総称であり，今回の実践では参加者の使用経験があったYahoo!メッセンジャーを具体的なソフトウェアとして用いた。Yahoo!メッセンジャーのチャット機能は，文

字だけでなく映像（動画）を送受信することが可能であった。

観察方法と記録化　観察は参与観察法を用いた。第1に筆者による観察であった。観察者は時に準備する役割を担いながらも自身を観察のツールとして，気づいたことや観察された事象をメモしていった。参加者の情報を少しでも多く確実に記述するため，必要に応じて会場を動き回りメモをとった。会が開始された後は，参加している人々の特徴を捉えるとともに，人々の位置関係や機材の配置および会場の広さなど，場の空間的な理解に努めた。なお，メモについては後で見直したときに明確に想起しやすいように，なるべく具体的な記述を心がけた。観察メモはその日のうちにフィールドノート化した。メモは会話に限らず，特に人々の様子を捉える点において有用であった。

　第2にビデオ録画を行った。カメラは会場出入口の向かい側，部屋の中央よりやや前方に置かれた。前方のプロジェクタと会場の様子の双方を撮影することが可能な場所であった。撮影した映像は，特に正確な音声データを把握するために有用であった。また，第3の記録として介護者を除く参加者の行動を5分ごとに記録する時間見本法による観察が行われた。時間見本法による記録は，会の進行と参加者の行動とを関連づけて把握するために用いた。

その他の記録　IM上で行われたチャットについては，そのログが電子的に記録された。チャットは橋本，和中（ともにALS患者），川口（NPO法人さくら会理事，立命館大学大学院生），および松原（立命館大学教員），水島（東京医科歯科大学教員），高田（立命館大学大学院生）によって行われた。

追加データ　交流会終了後，参加者から寄せられたコメント，感想のデータについても分析の対象とした。

患者の選定　参加者の選定については，次のように行った。日本ALS協会近畿ブロック会長和中勝三氏に依頼し，関西地域在住で本プロジェクトに関心のある患者に参加を呼びかけていただき，希望者が大阪会場に参加した。IMで外部から参加した橋本みさお氏（日本ALS協会会長）および川口有美子氏（日本ALS協会理事）については，協同研究者（松原洋子，初出論文における第四著者であった）が依頼した。なお，参加者名の扱いについては本人の承諾に基づき，すべて実名で記載した。

患者のコミュニケーション方法　ALS患者は症状の進度によって，様々

なコミュニケーション方法を採っていた。まず交流会に参加した患者を説明すると，久住，杉本，寺田，堀田，和中，小松の6名は実際に会場にいた者であった。橋本はネットワークを介した遠隔地からの参加であった。久住，杉本は車椅子使用者であるが，発話についての障害はなかった。寺田は口頭による発言が可能ではあるが，構音障害が出始めており，不明瞭な発音が多く見られたことから，必要に応じて介護者がコメントした。堀田は人工呼吸器を装着し発話が困難であることから，介護者が代弁した。和中も人工呼吸器を装着し発話が困難であったが，意思伝達装置である「伝の心試用版」（株式会社日立ケーイーシステムズ，2007；日本ALS協会，2005）を左手指先に取り付けたセンサーで操作することによって，コミュニケーションが可能であった。「伝の心」および「伝の心試用版」はインターネット接続やパソコンのアプリケーション操作が可能である。また，必要に応じて介護者が補佐する場合もあった。小松は人工呼吸器を装着し発話が困難であり，平時は「伝の心」を用いてコミュニケーションを行っているが，今回は携帯用会話装置を持参していなかったことから介護者が代弁した。橋本は人工呼吸器を装着し発話が困難であったが，介護者が口文字を使って橋本の発言を読み取り，IMにメッセージを入力して，遠隔地からコミュニケーションに参加した。

当日のプログラム　当日のプログラムを時間軸に沿って，表6-3に示した。14時5分より開始し，患者サポート技術に関する久住のプレゼンテーションと平行してチャットの準備が整えられた。チャットの様子は会場のスクリーンに映し出された。準備段階でのチャットは特にテーマを設けなかった。15時9分からチャットにおいて橋本と和中の会話が始まった。橋本と和中の会話時には，会場の松原から橋本への挨拶，互いの現在の状況についての会話などの雑談が設定された。会は16時10分に終了した。

データの分析　ALSの症状を踏まえ，患者は「意思疎通が可能なのか」という点に焦点化した。具体的な検討課題は以下の2点であった。第1にチャットにおけるある発言が一方通行でなく相互に行き交っているという構造が存在するのか否か，第2にまた会場からの呼びかけに対するチャット上での返答などの相互作用の有無であった。これらの観点から，本章ではチャットログを対象にエスノメソドロジーにおける「会話分析」の方法を用いて分析した。会話

表6-3 当日のプログラム

時刻	内容
14:05	開始　開会宣言（松原），通信設備の説明（水島）
14:10	和中挨拶（娘代読）
14:15	久住プレゼンテーション ＊この前後でチャットの準備が整う
14:42	水島プレゼンテーション
14:54	休憩宣言
15:09	（15分の休憩後）再開宣言 ＊チャット本番の始まり
15:11	橋本の挨拶・松原による技術の説明
15:24	寺田　感想
15:25	堀田の感想，支援者によるコメント
15:28	杉本　質問（久住返答）
15:34	堀田妻が代弁して質問（水島回答）
15:40	松原　今後の展望
15:41	水島　継続開催のための技術的解説。
15:43	久住　継続開催のための解説。
15:45	松原　機器に対するコメント
15:48	飯田（患者家族）　コメント
15:52	松原挨拶
15:57	高田・水月・和中（妻代弁）挨拶
16:10	閉会宣言
	集合写真撮影
	撤収

　分析は会話文をテクスト化したトランスクリプトを対象とし，その基本的な構造を明らかにするものであった（山田，1999；田中，2004）。今回の分析ではチャットログをそのままトランスクリプトとして捉えた。チャットログにおける誤字，脱字，表記揺れについてはデータを忠実に示すという観点からそのまま表記し，必要に応じて注をつけた。

チャット参加者は7名であった。会場から参加した者は，久住，松原，水島，高田，和中，遠隔地から参加した者は橋本，川口であった。なお，チャットログはプロジェクタを通じて映し出されることで会場のメンバーに共有され，また会場の様子はネットワークカメラを通じ，遠隔参加者のIM画面上へ表示された。なお，IMでは発言者名はユーザIDで表示されるが，本章では読みやすさの面から，原則として個々人の名前に変換して扱った。ユーザIDのまま表記した箇所についてはその旨を注記し，説明を行った。

第3節　結果と考察

1．チャットログから見るコミュニケーションの構造
(1)　チャットにおける双方向コミュニケーション

本項ではチャットでの会話に焦点化し，双方向的なやりとりが存在しているのかどうか検討する。

データ6-1においてはまず患者の和中（ユーザID：itpkw）が挨拶を行ったものの，今回の参加者のユーザIDは個人名を連想させるものではなかったため，瞬間的に誰が参加しているのか判断するのは難しかった。このことから，川口（ユーザID：k_yumiko1208）はまず問いを投げかけ，かつ和中の発言に返答することで「挨拶」を行い，平行して再度「問い」を投げかけている。川口の「問い」に対し，和中が「答え」として名を名乗ることによって一連の会話は完了している。

このような「挨拶」や「問い／答え」に代表される一連の発話のまとまりは「隣接対」と呼ばれる（山田，1999）。データ6-1においては，まず和中が対の構成要素となる最初の部分を「こんにちわ」という挨拶によって提示し，次に川口が「はい，こんにちはだれ？」と対応する挨拶を返している。これらは「挨拶」というまとまり，すなわち「隣接対」を形成していると考えられる。さらに川口は「だれ？」という「問い」を投げかけたことから，和中の「わなかです」という発言（「答え」）が導かれている。したがって，この会話もまた隣接対を形成しており，意味の通った「通常」の会話として成立していると見なすことが可能である。

> 〈データ6-1〉
> itpkw: こんにちわ。
> k_yumiko1208: この方はどなた？
> k_yumiko1208: はい，こんにちはだれ？
> itpkw: わなかです
> ＊ 会話の様子を正確に伝える必要があるため，本データにおける発言者名はユーザIDで表記した。
>
> （和中が参加した際のやりとり，チャットログ）

患者が自ら問いを投げかける事例もあった（データ6-2）。データ6-2においては，川口のパソコンから音声が聞こえなくなるというトラブルが発生し，それに対して院生の高田，および患者の橋本がコメントすることでトラブルシューティングが試みられている。まず川口がトラブルの内容を報告し，それに対し橋本が原因を検討するための質問を発し，川口が応答することで隣接対が形成されている（番号1～3）。平行して高田がIMの操作を調べ，自身の状

> 〈データ6-2〉
> 1　川口：ボイスをクリックしたら音が消えてしまった
> 2　橋本：設定いじった？
> 3　川口：はい
> 4　高田：ああ，音聞こえるようになりました。
> 5　川口：どうやって？
> 6　橋本：聞こえます
> 7　高田：ボイスをもう一度押してみてください。＞川口さん
> 8　橋本：はい
> 9　川口：だめ
> 10　高田：あれ？聞こえる状態だと，「ボイス」のボタンがへっこんだように見えますけどねえ。
> 11　川口：へこんでいるんですが，この設定では聞こえないそうです。
> 12　高田：うーん。再起動してみます？
> 13　川口：はい。
> 14　川口：いちど
> 15　川口：落ちます
>
> 　　　　　　　　　行頭の番号は会話の通し番号として追記した。
> 　　　　　　　　（川口のトラブルをめぐるやりとり，チャットログ）

況を報告したことにより，川口の質問が引き出され，さらに高田が答えるという形での隣接対も認められる（番号4〜7）。番号7における高田の提案は，さらに8，9における橋本，川口の発言を引き出し，最終的には高田の「再起動してみます？」という提案に対し，川口が応じて一連の会話が終了している。これらも隣接対として見ることが可能であろう（番号7〜9，10〜11，12〜15）。

　ここで注目すべき点は2つある。第1に，複数の連続した隣接対の形成が認められる点である。第2に，そのつど会話内容が異なるであろうトラブルシューティングの中で，患者の橋本が状況を判断したうえで，原因と思われる操作の有無を確認している点である（番号2）。これは相手の発言内容を理解していなければ不可能な問いであり，かつトラブルに対する妥当な解決策を導くものとして機能している。橋本の「設定いじった？」という問いがなされ，川口が「はい」と回答したことによって（番号2〜3），トラブルの原因が配線や通信状態などのハードウェアにあるのではなく，IMの設定に帰属することが確認される。これにより，高田の解決策提案（番号7）が導かれているのである。したがって，データ6-2における橋本の発言は，定形の会話にとどまらない，臨機応変に構成される会話として成立していたと見なすことが可能であろう。

　このような患者の発言の柔軟さを示す事例として，さらにデータ6-3が挙げられる。

　当日，川口は体調を崩していたため，データ6-3において「(塩素消毒で刺激されて) 喉がひりひり」する旨を述べ（番号2），それに対し，和中（番号3），橋本（番号4）がコメントをしている。和中のコメントは川口の症状に対するフォローとして捉えることが可能である。これに対し橋本の「死ぬね?!」という発言は，川口の症状に対するコメントではあるものの，「喉がひりひり」という症状から「死」を連想することは通常困難であると考えられる。したがって橋本の発言は「軽口的な合いの手」もしくは「冗談」として捉えることが可能であろう。

　その後も川口は自らの状況を語る（番号5）。また，会場の様子に対するコメントをしている（番号6）。番号5の発言に対し，和中は「目薬サシテ」とい

う発言をしている（番号7）。患者である和中が，健常者である川口の症状をいたわるというやりとり（番号5と7）は，橋本の発言（番号4）とは異なる形ではあるが，会話の流れを理解した即妙な発言であると言えるだろう。

〈データ6-3〉
1　川口：○○が塩素消毒始めたらしく，喉がひりひり。
2　川口：まな板の消毒はじめたらしい。意地悪だよね。
3　和中：あわてないでね。
4　橋本：死ぬね?!
5　川口：目も痛くなってきました。
6　川口：松原先生の声よく通るね。
7　和中：目薬サシテ
8　松原：目ひりひり，お大事に。
＊○○の人名は伏字とした
　　　　　　　（川口の発言に対する和中・橋本のコメント，チャットログ）

　なお，番号は発話開始時間の時系列的順序を示しているだけである。これはチャットの特徴でもあり，発言者が自分の発言とは無関係なことを書き始めた時でも，発言者の意図をくんで適切なレスポンスをした人よりも早く記述されることがある。データ6-3は，もし対面的な会話であれば，

5　川口：目も痛くなってきました。
7　和中：目薬サシテ
8　松原：目ひりひり，お大事に。
6　川口：松原先生の声よく通るね。

となるところである。
　番号4にみられるような，患者が端的な言葉を用いて「冗談」を成立させる事例としてデータ6-4を挙げる。

〈データ6-4〉
1　松原：ところで，チャットの内容が，和中さんのディスプレーをつうじて，スクリーンに映っています。
2　松原：よろしく。
3　橋本：カットで！
4　川口：これでどうですか？
5　高田：ありがとうございます。入室できました。会場のすぐ外にいます。
6　川口：外なんだ。
7　高田：実験的に，外からどのようにコミュニケーションできるのかを試しています。
8　橋本：外ってどこですか？
（松原の発言に対する橋本の「冗談」，チャットログ）

　データ6-4は松原の説明に対して，橋本が返答している場面である。松原の「よろしく」という発言に対しては，応諾もしくは拒否するという形の返答が可能であると考えられる。「カットで！」という橋本の発言は一見すると直前の会話に対する拒否的な態度と捉えられる。「カット」というのは収録されたものを放映する時に削除するという意味で本来使われるが，テレビのバラエティー番組の生放送などでも，不都合な発言をしたことを事後的に冗談めかして認める場合に，よく使われる語である。橋本はチャット画面が会場で公開されていることを事前に知っており，「カット」という言葉を本来の意味で用いているとは考えにくい。実際，その後に続く8番の発言で橋本が会話に復帰していることからも，本当に発言の削除を望んでいるわけではなく，「あえて」この言葉を発したと解釈できる。以上の点から考えるに，橋本の発言は，自身の発言内容が場の成員に共有されていることを見越したうえでの「冗談」であったと捉えることが妥当であろう。

（2）　会場・チャット間の双方向コミュニケーション
　データ6-4においては会場の松原から遠隔地の橋本へのコメントが寄せられている。本項では，会場からの呼びかけというリアル・タイム性を持った出来事に対し，会場・チャット間でどのようなやりとりが行われたのかを検討する。

データ6-4において見られたような会場・チャット間の双方向コミュニケーションの場面として，データ6-5，6-6がある。データ6-5は，松原が橋本に対し，会場へのメッセージを送るように頼んでいる場面である。この一連のやりとりは会場のプロジェクタで共有された（図6-1）。松原のメッセージ依頼はネットワークカメラを通じ，音声にて橋本へと伝えられた。橋本は松原に応じ，挨拶をするとともに，会場の天気について尋ねている。松原が回答した後，橋本に同様の問いを返したところ，橋本は「あついっす」という端的なコメントをしている。橋本のこの発言に対して，会場では笑いが発生した。

データ6-6においては，橋本と和中のチャットが，スクリーンと松原の解説によって会場に共有されている。また，会場参加者が感想やコメントを述べている最中にも，チャットは進行していた。橋本「近畿は楽しそうだね」，和中「楽しいです」というやりとりは，会場でのやりとりに対しての，テレビの音声多重放送の言わば「副音声」のような役割を果たしていると考えられる。つまり，「主音声」である会場でのやりとりを参照しつつ話題を展開することも可能であるし，逆に会場の話題のスピードに影響されずに話を展開することも可能であると考えられる。たとえば橋本は会場の松原とやりとりをすること，和中と「副音声」で雑談すること，そして会の最後には見事な「冗談」を言うこと，という状況に応じた発言の使い分けを自在に行っていた。このような，チャットの持つ「私語可能性」は，ALS患者のコミュニケーションに焦点化したとき大きな可能性を持っていると言えるだろう。

(3) チャットログ分析の小括

以上に分析したように，IMを用いたチャットにおいて，患者は挨拶などの定形のやりとり（データ6-1），明確な目的がありそれを検討するためのやりとり（トラブルシューティング，データ6-2），さらには冗談を交えた会話をも行っている（データ6-3，6-4）。特に，データ6-6においては次の発言者として指名されてはおらず，しかも明確な「問い」の形を取ってはいなかったにもかかわらず，和中，橋本が返答を行っている。したがって，データ6-3における和中，橋本の発言は自らの意思で行ったと捉えることが可能であろう。このような患者の発言が可能になった理由として，IMの機能的な特徴を挙げ

ることが可能だろう。IMにおいては患者も健常者も,「一行」の短い発言を行っている。したがって,誰か1人が「喋り続ける」という状況が起きづらく,会話に介入することが容易であったと考えられる。

これらに加え,データ6-5,6-6においては会場との双方向的会話,なら

〈データ6-5〉
会場での発言
松原「それではまず最初にですね,東京の○○区のマンションのご自宅からいまIMを通じて映像とコメントを送ってくださってます橋本操さんにちょっとご挨拶,コメントをいただきたいと思います。では橋本さんお願いします。橋本さんのメッセージはこのスクリーンの下側に文字で出てくるはずです。少し待ちましょう」

会場での発言

松原「出ましたね。私,一応読みますね。「こんにちは」」

松原「とってもいいお天気で,ちょっと汗ばむくらいの温かさですそちらはいかがですか」

松原「ということで,なんか同じようですね」

チャット画面

橋本:こんにちは

橋本:天気はどうですか?

橋本:あついっす

図6-1　松原と橋本のやり取りが行われた際の会場のスクリーンの写真

(松原のコメントは観察メモ・記録ビデオから起こした。橋本の発言はチャットログを記載した)

〈データ6-6〉

会場での発言	チャット画面
	橋本：わなかさん年に一回しかあえないので楽しみにしてます
松原「いま，また新しいメッセージが入ってきました」 「これは操さんですね」 「和中さん，コメントいただけますか？」	
	橋本の映像が映る（飼い犬も一緒に）
松原「右側のスクリーンには操さんのお家からの映像が映っています。たぶん右側に見ええるのがポンっていうわんちゃんで…」	
	高田：めでたしめでたし。 和中：おおきによ
松原「はい，和中さんから「おおきによ」というお返事が返ってきました」	
	橋本：ポンは今眠くてぐずってます
松原「あ，いま操さんから「ポンは今眠くてぐずってます」という返事が来ています。犬がぐずるってどんな状態なんですかね？」	
	高田：音が聞こえなくなっちゃいました。さっきから，たまに，ぼちぼち切れてます。
松原「ちょっと状態が不安定なんですかね」 松原がYahoo! メッセンジャーの解説，通信状態について説明する。堀田，久住，小松などへ感想を求める。	（＊1） 和中：ネカセテアゲテ
堀田妻「意欲はあるんですが，文字が小さい…」	
	水島：大きな文字の例です。

水島「いまためしに Yahoo! メッセンジャーのなかで文字を大きくしてみたんですけれども…」 以下，水島・久住が技術的解説を行う。	
松原，高田，水月が感想を述べる。 随時，水島，久住もコメントする。	（＊2） 高田：今聞こえるようにまりました。通信がいったん切れると，もう一度設定しないとだめそうですね。 橋本：近畿は楽しそうだね 和中：楽しいです 高田：なかなか多くの方が集まってくださいました。イヤホンで音を聞いていますが，なかなかに臨場感がありますね。
	川口：ご苦労様でした。
松原「いま川口さんからメッセージが来ていますね。」	
松原「橋本さんからメッセージが来ています」	橋本：みなさんおつかれさまでした。
和中の感想を和中の妻が代弁。	
松原「橋本さんからメッセージが…「どうも画像がわたしのとこ動かないと思ったら私は ALS でした。」あの，すばらしいオチで…」	橋本：どうも画像がわたしのとこ動かないと思ったら私は ALS でした。

（＊1）どのタイミングで発言されたか判然としていないが，記録ビデオで確認したところ Yahoo! メッセンジャーの技術的説明の最中になされたことは明らかである。
（＊2）高田・橋本・和中・高田らの会話タイミングは判然としていないが，会場で感想・コメントが求められている最中であったことは明らかである。
（会場での発言は観察メモ・記録ビデオから起こした。チャットの記録はチャットログを記載した）

びに「副音声」としてのチャットの利用方法が認められた。これは交流会が会場と遠隔地を IM で互いに中継し合うという条件で運営されていたことから生じたものと考えられる。このことから、その場において「主」たる会話と異なる「副」の会話を保障することにより、ALS 患者は会話への参加がより容易になる可能性が示唆された。

2．場の全体におけるコミュニケーションの構造

　IM を用いた患者同士のやりとりは、ある定型のやりとりだけにとどまらず、直前の文脈に基づいた柔軟な会話であったと考えられる。しかし、交流会においては IM を介した会話だけでなく、実際に場の成員として参加している患者の存在があった。この場合、いわゆる「健常者」と患者という 2 者の間でのコミュニケーションが存在することになる。したがって、この点についても検討を行う必要があるだろう。

　このような事例としてデータ 6-7 を示した。データ 6-7 は IM によるチャットが終了した後、司会の松原が患者に感想を尋ねる場面である。この事例では、本来、発言権を与えられたのは患者である堀田であった（番号 1、司会の松原が指名している）。堀田は自らの発言ターンにおいて 42.8 秒間の「沈黙」をしている（番号 3）。その後、介護者である妻が「聞いときますわ」と発言することで会話の順番を変更することを提案し（番号 4）、松原が承諾している（番号 7、9）。松原は待つことを肯定する発言を行うが（番号 11）、久住によって他の参加者へ発言権を与えるように促され（番号 14）、「後回し」という形で会話の順番が変更された（番号 15）。

　この一連のやりとりにおいては、患者の沈黙に対して待つのではなく、最終的に発言の順番を変更するという判断がなされた。ALS 患者はその症状のため、発言権を与えられてもすぐに返答することは困難な場合がある。このような患者の事情を前提として、交流会においては患者のスピードに合わせて「ゆっくりやる」ことを志向しているという松原の発言がある（番号 11）。それにもかかわらず、実際には患者の発言は待たれていない。

　コミュニケーションの構造に焦点化した状態で、この現象を検討するとき、1 つの問いを立てることが可能であろう。すなわち、「「沈黙」はどのような機

〈データ6-7〉
 1 松原　：あの, ほー堀田さん, えー, 何か °ご参考, ご感想いただけますでしょうか°。

 2 サポート院生がマイクを持っていく　((堀田の妻がマイクを受け取る))
 3 (42.8)

 4 堀田妻：聞いときます↑わ, 時間かかるんですよ, [会話に。((笑顔で))
 5 松原　：　　　　　　　　　　　　　　　　　　[あーえー[あの：＝
 6 堀田妻：　　　　　　　　　　　　　　　　　　　　　　[すごく。
 7 松原　：じっくりで[結構ですけ↓ど。
 8 堀田妻：　　　　　[↑あーはい, すいません　((笑顔で))
 9 松原　：もしあの：　(1.8)　°あとのほうがよければあれですよ°
　　　　　　－お待ち[しますよ。
10 堀田妻：　　　　[〈はい,〉ちょっと↑聞いときます〈
11 松原　：ええ, あの：今日はえっと：, 皆さん, があの：中心なので huh,
　　　　　　ゆっくりやるっていうぜん huh, あの：ということにしてますので,
　　　　　　え：, あの °お気になさらずにゆっくり, していただければ°

12 (3)

13 松原　：あとー あとの[ほうが
14 久住　：　　　　　　[(*)ってもらっている間にミズマチさんに
15 松原　：↑あ：はい, じゃああとにお願いします

　　　　　　　　　番号14の（*）は発言が聞き取れなかった箇所を指す。
　　　　　　　　　（記録ビデオをもとにして構成したトランスクリプト）

能を持っているのか」という問いである。

　会話における「沈黙」について, 山田 (1999) は,「教室で当てられた生徒が返答できない場面を思い浮かべるとすぐわかるように, その沈黙は目立つ。つまり返答がくるまで（もちろん最後まで返答がこない場合もあるが）, 他の会話参加者によってつぎの話し手に選択された者が注目され, 周囲に焦燥感を引き起こす。さらには, 返答しないという行為の理由について, たとえば怒っているから返事をしないんじゃないか等々, 会話参加者に様々な推論を許す結果になる」と述べている。特に, 現実場面の会話において沈黙は,「相手の発話の

継続やトピックの展開をさえぎる権力行使ともいえる」(好井, 1999) という指摘もある。たとえば宮内 (2000) は, 地方公務員採用における国籍条項の撤廃をめぐる議論を分析するなかで, 在日韓国人男性の発言に対して地方公共団体職員が意図的に「沈黙」していることを指摘し, この「沈黙」によって男性側の発言がサポートされず, 話題の展開が「妨害」されているという構造を明らかにしている。また, 山崎・江原 (1993) によれば, 指名された話し手や聞き手の「沈黙」は,「親密さを示せ」という規範が存在する場面では「評価の欠如」として, また,「相手に反発を示すことで相手の体面を傷つけてはいけない」という場面規範がある場合は,「非同意」として解釈されることもある。

発言権を与えられた者が次の発言者を指名しない場合 (この事例では, 堀田は松原から発言権を与えられたが,「沈黙」しているために次の発言者を指名していない), 最初に話し始めた者が発言権を持つことが知られている (山田, 1999)。したがって, 堀田の妻が「聞いときますわ」と発言することでまず発言権を獲得し (番号4), 続いて司会である松原に発言権を譲ることによって,「通常の」会話の流れを構成した, と捉えることが可能である。患者である堀田の「沈黙」は単に発話困難であると周囲に了解されながらも, 発話障害を伴わない会話における「沈黙」の効果や含意への配慮が, このような発言権の変更を促したと考えられる。

ALS患者と健常者のコミュニケーションという観点から見たときに, これは常に生じうる現象である。なぜならば, 症状の進行したALS患者が (補助機器を通じた) 発話を瞬時に行うことは通常困難であると考えられるからである。しかしチャットログの分析において示したように, 患者は然るべき環境が整っていれば臨機応変な判断と主張の「表出」を行える可能性がある。患者の「沈黙」が, 健常者にとっては「意図せざる権力行使」として見えてしまうという事実は, 開催時間に制限のある公的会議の状況において特に留意すべき点であろう。これらの点から, 患者の「沈黙」に対する周囲の者の対応について,

---

1) 身体的に発話が困難な人の「沈黙」を, 発話障害にのみ還元することはできない。発話障害のある人にも, 意図的な「非発話」の判断がありうるからである。発話障害のある人のコミュニケーションにおける「沈黙」の分析は, 発話障害をもたない人とは異なるアプローチが必要であり, これについては今後の課題としたい。

妥当な方策を検討する必要性が示唆された[1]。

第4節　総合考察

　ALS-ITPにおける患者のコミュニケーションについて，IMを用いた場合と実際場面の場合の双方を分析した結果，前者におけるコミュニケーションの豊富さについては有用な知見が得られたが，後者においては「沈黙」に対する周囲の者の反応に代表されるような問題が示唆された。

　まず有用な知見として，今回のIMにおけるチャットの分析からは，最低限の定型の会話を自在にこなす患者の姿が明らかとなった。これは公的で場の共有を伴わない新たなコミュニケーションの可能性を示すものである。また，チャットにおける冗談交じりの雑談を会場に対する「副音声」として位置づけることで，患者の会話の幅の広がりが認められた。これは「私語可能性」と呼べるものであり，私的かつ場の共有を伴わない形での豊かなコミュニケーションと捉えることが可能であろう。したがって，患者はIT，ユビキタス技術を用いることにより，公的・私的双方のコミュニケーションを行える可能性が増すものと考えられる。

　こうしたITの有用性に対して，実際場面における「沈黙」をめぐる問題が提起された。現実的な場面においては，患者は患者同士だけでなく，介護者を含めた周囲の者との関係の中で生きているということを無視できない。今回の事例において示したように，健常者は，症状に由来する患者の沈黙を，「順番取りシステム」における「沈黙」であると捉えてしまう可能性がある。これは，患者と健常者との間で「時間」が共有されていないという問題として，公的かつ場の共有がある状況でのさらなる検討を迫るものであろう。また，「沈黙」の問題に加え，ITについても患者間の技術・情報の格差，いわゆるデジタル・ディバイドが広がる可能性がある。

　これらの問題点を考慮したうえで，患者と健常者の間のコミュニケーションを円滑に進めるための考察を行う。分析において焦点となっていたのは「沈黙」の扱いである。この点については，発言権を与えられた患者が何かしらの簡易なアウトプットを行うことで解消される可能性がある。会話における発言

権の変遷は，必ずしも明確に系統だった発言を行うことで実現されるわけではない。たとえば，会話の中では「あのー」「えー」「それでー」などの発言がなされるが，こうした言葉は「フィラー」と呼ばれ（定延・田窪，1995），自分の発話ターンがまだ継続することを示し，自分の発話に注意を向けることを周囲に要請するための機能を持つことが知られている（串田，1999；Goodwin and Goodwin, 1986）。このことから，通常の意思伝達装置に加え（あるいは通常の装置に追加して），「フィラー」に相当する発話を行う機能を搭載することにより，実際に患者自身が発言する機会を増やすことが可能であると考えられる。より具体的には，一度選択するだけで「フィラー」機能を果たすボタンを装置に組み込むといった方法が考えられよう。

最後に今後の展望についてまとめておきたい。患者アドボカシーとしての公的なコミュニケーションの発展に向けて，以下の3点が課題として挙げられる。第1にITをはじめとした技術的サポートである。これは今回のIMで示された可能性をはじめ，既に多くの研究がなされている。しかし患者の会話のリアル・タイム性という点をさらに緻密に分析するためには，非患者のチャットに関する研究知見との比較など，検討すべき課題が多く残っていると言えるだろう。第2に，ALS患者が実際にどのように考え，またどのような環境があれば，より良く生活していけるかを検討することである。この点については，ALSの症状・進度は個人差が大きいこともあり，具体的かつ継続的な検討を重ねて事例を積み上げていくことが必要であると考えられる。第3に，その時々の先進的コミュニケーション手段を用いた障害者支援は，パソコン通信などが導入された当初から行われてきたという指摘があるものの，実際にそうした資料を探すのが難しかった。こうした工夫の歴史についても検討を行いたい。

会の終了後，数日経ってから患者の一人から筆者のもとへメールが届いた。メール内容を完全公開することは控えるが，「チャットにはまっている。○○と練習している。これから操作を勉強していく」（一部伏字）という趣旨のものであった。アクション・リサーチという形で行われた本実践が，将来の患者，将来の研究者にとっての知見の積み重ねとしてだけでなく，参加者であった患者本人にも喜びを持って迎えられているという事実は，ITを通じたコミュニケーションの可能性と重要性を示している。

第7章

研究3：病者の経験を伝えるための
　　　　　コミュニケーションのあり方：
　　　　　ファシリテーション機能の解明

第1節　問題と目的

1．STSと科学コミュニケーション

　科学技術と市民との関係をどう築くかという問いが注目を集めている。科学技術が高度に浸透した現代においては，たとえばBSEや遺伝子組み換え食品に関する議論のように，非専門家である市民も，科学技術に対して一定の理解をしかつ判断を行うことを余儀なくされているのである。

　このような，科学技術と社会の境界に生じる諸問題を取り扱う領域として，科学技術社会論（Science, Technology and Society，または Science and Technology Studies，以下STS）が挙げられる。STSの視点は科学史，科学論，科学社会学など多岐にわたっており，学際的な性格が強い分野である（e.g., 小林，2002）。社会心理学の視点からSTS的事例を扱った研究としては，ヒトクローン技術をめぐる政治的言説の分析を行った日比野・永田（2004）の研究が挙げられる。これは社会心理学の知見が応用的・実践的な問題を論じるうえで活用された例と言えるだろう。

　STSの中でもコミュニケーションを扱う領域は特に「科学コミュニケーション」と呼ばれる。日本では，科学者と市民の「双方向的」なコミュニケーションの場の構築という観点に基づいて様々な形態によるものが試行されている（表7-1）。綾部（2005）は，市民独自の視点から問題を捉える「市民科学」（高木，1999）を1つの到達点としたうえで，そこに至るまでの取り組みとして，「サイエンスショップ」と「コンセンサス会議」を挙げている。さらに近年では，

表7-1 日本において現在までに構築されている科学者―市民間コミュニケーションの場の特徴

形態	参加者（ユーザー）	目的と意義	事例
サイエンスショップ	地域のNPO/NGO，市民グループ，自治体など。	ユーザーからの依頼をもとに，学生が主体となり，研究・調査を行う。学生にとってのOJTの意味もある。	70年代オランダに始まり，欧米諸国，アジアに広がった（平川，2002）。具体的事例として住民グループの依頼による「河川の水質調査」等がある（大阪大学サイエンスショップ，2008）。
コンセンサス会議	市民の代表として選ばれた10人程度の（テーマに関する知識のない）市民。	あるイシューに対して市民と専門家が議論を重ね，合意（コンセンサス）に至るようにする。結論は原則公開。	アメリカにおける医療専門家間のコンセンサス形成会議を端緒としデンマークにて現在の形式へと発展。日本では「遺伝子組み換え食品の是非」を扱った事例がある（小林，2002）。
サイエンスカフェ	市民。テーマに対する知識の有無やその程度は問わず様々な人が来る。	科学者との「対話」を重要視し，特定の結論を出すこと，科学知識の一方的な教授は目的としない。	1998年イギリスに始まり，欧米，アジアへと波及した。日本では2005年から2006年にかけて普及した。大学，NPO法人，書店などが主催しており，自然科学に限らず人文・社会科学を含む領域を扱う（杉山，2007）。

　科学者と不特定多数の人々が科学知識を話題としてコミュニケーションを行う場である「サイエンスカフェ」が市民・科学者の双方から注目されている（西條・野原・日下部，2007）。

　なおサイエンスカフェにおいては狭義の（自然）科学にとどまらず，心理学を含めた人文社会科学領域の話題が扱われる。したがって，サイエンスカフェという場は，科学者にとってのアウトリーチ活動としての利点（中村，2007）を持つのみならず，話題についても聴衆の関心に応じて話し手がその場で調整していくことが志向されている（杉山，2007）など，市民への間口を広く保ったままで研究者が知見を社会に伝えるための場としても非常に重要なものとなりつつある。

2．社会心理学と科学コミュニケーション：「集団」としてのサイエンスカフェ

　科学者，市民双方にとっての利点からサイエンスカフェが広まりを見せる一方で，「（科学）知識」を話題としてコミュニケーションするという性質上，その担い手と方法が問題となる。杉山（2002）は，学校教育において科学教育を行う際にも誰が教えるのか，どのように教えるのかという同様の問題が生じるとし，その解決策として「教育全体についてのシステム設計」を議論する必要性を指摘している。同様の事態はサイエンスカフェにおいても生じうる。サイエンスカフェという場を継続的に維持し，展開していくための人材の育成やシステムの整備は論点の1つとして成立する。しかしながら，サイエンスカフェはこうした政策論的議論の対象であるだけでなく，社会心理学的な研究対象としても認められる。なぜならば，その場を構成する人々の「集団」は，Lewin（1951/1956）によるグループ・ダイナミックス研究に代表されるように，社会心理学の主要な研究対象の1つに他ならないからである。

　社会心理学における「集団」は「二人以上の人々によって形成される集合体」という定義を前提とし，成員間の相互作用や規範の形成，成員共通の目標などの特徴があるとされ（山口，1999），より無秩序な人々の集合体である「集合状況」と区別され論じられてきた。村本（1996）は社会的アイデンティティ理論（Tajfel, 1981）を引きつつ，フィールドワークを通じ，集団と集合状況のいずれにも分類できない中間項を提示することにより，こうした二分法的区分を批判している。ただし，村本（1996）による研究はこうした中間項を扱った研究の好例であるとはいえ，専門的知識の差が成員間にある場合に，どのような特徴的なコミュニケーションがなされるのかについての検討は十分ではない。

　こうした経緯を踏まえ，本研究においては，サイエンスカフェを以下2点の特徴を備えた場として位置づける。第1に，特定の目的のために人々が集う場であるが，広く「市民」が参加者として想定されており，「成員共通の目標」や「規範の形成」といった集団的特徴を認めることが困難な場である点である[1]。

---

1) サイエンスカフェにおいても私語や振る舞いなどの集団規範が存在する可能性がある。しかしながら，会ごとに離合集散する性質を持ったサイエンスカフェにおい

第2に,「科学者と市民の対話」という言葉に代表されるように言葉を中心としたコミュニケーションがなされる場である点である。本研究では,村本(1996)の成果に基づき,集団とも集合状況ともつかない「中間項」において,成員が実践しているコミュニケーションについて会話に注目し分析を行うことを通じ,当該集合体がいかに成立,維持されうるかという点を検討することを狙いとする。

3. 本章における検討課題

以上の点から,サイエンスカフェという場の「集団」の維持について,その成員間の関係から検討することは,社会心理学的に意義の大きいものであると言える。しかしながら,科学コミュニケーションあるいはSTS的事例を扱った社会心理学的研究は少ないのが現状である。前述の日比野・永田(2004),認知科学的視座から科学者コミュニティ内での相互作用に着目した山内・岡田(2003a;2003b),研究者間の共同研究の過程に注目した岡田(1999)の研究などがその少ない例であるものの,これらはいずれも「専門家と専門家」という位相を対象としたものである。また,科学コミュニケーションの領域においては,サイエンスカフェの科学コミュニケーション教育としての意義を談話研究の視点から論じた研究(西條他, 2007),サイエンスカフェにおける科学者のコミュニケーションを会話の順番交替の観点から検討した研究(高梨・加納・水町・元木, 2012),サイエンスカフェ等のイベントにおいては素人が自身の視点に基づき(主体的に)専門家の見解を補完しながら参加していることを示唆した研究(Kerr, Cunningham-Burley and Tutton, 2007)などが存在しているが,「専門家と非専門家(科学者と市民)」という枠組みに特化した,実証的な視点からの研究は(心理学の領域に限らず,他の諸科学においても)十分ではないのが現状である。

そこで本研究においては第1の課題として,フィールドワークの手法を用いて場で生起したコミュニケーションを記述的に理解することにより,サイエン

　　て,既存の規範概念をそのまま適用することは困難であると考えられることから,注記に留める。

スカフェという場の会話の実態を明らかにすることを目指す。記述的理解は，明確な記述対象や記述方法が事前に特定できない際に有効な方法であり，「データ集積と分析を平行して行い，どのようなカテゴリーを立てれば現象をうまく説明できるかを探る」(箕浦, 1999) プロセスを持つものであり, 仮説生成型の研究法である (無藤, 2004)。

　第 2 の課題は，継続的な開催が続けられているサイエンスカフェを対象に，特定の目的のために集まったとはいえ，それぞれの関係が薄い成員たちによって構成される集団がどのように維持されているかという点についての，会話の機能の側面に着目した検討である。前述のとおり, 村本 (1996) においては社会心理学における「集団」と「集合」の二分法に対する批判的な視座が提供されているものの，場の成員の相互作用に注目した分析がなされていなかった。したがって，サイエンスカフェのような，「対話」と称されるコミュニケーションの場にその知見を転用することが妥当か否かについての検討が要請される。

4．本研究の目的

　以上の議論に基づき，本研究では以上の 2 つの課題を検討するためにサイエンスカフェの現場に赴きフィールドワークを行い, 2 つの分析を行う。

　分析 1 では，フィールドワークから得られたデータをもとに，集団成員同士がどのような相互交渉をしながら集団を維持しているのかについて，どのような会話がなされているのかに着目して記述し，その過程と構造を理解する。分析 2 では，分析 1 で生成された仮説をもとに，ディスコース分析を用いて集団維持要因を明らかにするとともに，検討された集団維持要因について，集団成員との関係に焦点を当て，詳細な考察を行う。

第 2 節　方　　法

　フィールドについて　　本研究においては，関西地域でサイエンスカフェを開催している 2 つの団体に許可をとり，調査フィールドとした。第 1 の団体 (以下, 団体 A) は日本にサイエンスカフェが導入された当初から関西地域に

おいてサイエンスカフェを開催している数少ない組織の1つであるとともに，開催頻度も毎月1回程度と継続的な運営をしており，観察機会が豊富であったことから選択した。ゲスト（話題提供者，主として大学教授）とスタッフはボランティアであり，団体の活動そのものは非営利活動であったが，会の企画・運営は大学機関によるものであった。第2の団体（以下，団体B）はサイエンスカフェの企画，運営を行う学生組織という形態をとっていた。団体Bが主催したサイエンスカフェは，団体Aと比較すると歴史が浅かった。しかし，団体Aとともに関西地域における数少ないサイエンスカフェの場であることから，観察フィールドとして選択した。各団体のサイエンスカフェの目的と対象については，それぞれの団体のWebページにおいて，大学機関・関係者を主催とし，「科学を市民にもっと親しみやすいものにする」「文化としての科学を地域に根づかせたい」といった文言があり，広く「市民」を視野に入れながら，団体の所在地域の「地元住民」を対象としていた。なお，両団体ともにカフェでの飲物・茶菓子の代金（会によって異なるが100円から900円程度）を参加費として設定しており，それ以外の料金は要求されなかった。

観察日時　観察は2006年6月11日（日）から開始し，同年10月8日に至るまで6回行った（以下，観察1〜6と表記）。表7-2に示したように，観察5のみ団体B主催であり，その他は団体A主催によるものであった（開催日時，場所については表7-2参照）。

フィールドの規模と進行　参加人数については途中参加および途中退席があり，また会場となったカフェの広さも一定ではなかったために正確な把握は困難であったが，すべての観察を通して概ね20人程度の規模であった。内訳は，主催者（司会および受付事務等のスタッフ）が計5名程度，残りが市民参加者であった[2]。会の告知・広告は，会場となった施設内での掲示によるもの（ポスター等），主催団体のWebページ，過去の会に参加した者に対する電子メールによる案内（メールアドレスを主催団体に伝えた希望者のみ）が中心であった。会の開催時間についても一定ではなかったがすべての観察を通じ90分か

---

[2]　市民参加者については一連の観察を通じ，40代〜60代の年齢とみられる者が過半数であるなど，一定の傾向が見られたが，観察法という方法論上の制限から注記に留める。

第 2 節　方　法

表 7-2　観察の対象としたサイエンスカフェの一覧表（テーマは大まかな領域を示した）

観察フェーズ	テーマ	主催団体	日時	場所	成員の構成
観察 1	歴史	A	6/11（日）14:00-16:00	神戸市内喫茶店	市民参加者 20 名程度，ゲスト 1 名，受付除く主催者 2 名
観察 2	数学	A	7/29（土）13:00-16:00	神戸市内ホール	市民参加者 15 名程度，ゲスト 2 名，受付除く主催者 3 名
観察 3	工学	A	8/6（日）13:00-16:00	神戸市内ホール	市民参加者 15 名程度，ゲスト 1 名，受付除く主催者 2 名
観察 4	科学	A	9/25（月）18:30-20:30	神戸市内喫茶店	市民参加者 15 名程度，ゲスト 1 名受付除く主催者 1 名
観察 5	生物	B	9/30（土）14:00-15:30	京都市内喫茶店	市民参加者 25 名程度，ゲスト 1 名受付除く主催者 5 名
観察 6	科学	A	10/8（日）14:00-16:00	神戸市内ホール	市民参加者 20 名程度，ゲスト 1 名，受付除く主催者 3 名

ら 2 時間程度が設定されていた。進行として，まず司会（主として大学院生および研究者）が会の説明，ゲストの紹介，自身が司会を務める旨の発言をした後，ゲストによる話題提供が 30 分程度行われ，その後に質疑応答がなされた。話題提供の最中も市民参加者は質問が可能であり，疑問点や不明瞭な箇所についてはすぐに確認できるような配慮がなされていた。質疑応答の際には市民参加者から様々な質問が寄せられ科学者がなるべく平易な表現で回答を行っていたほか，テーマから逸れた質問（ゲストが科学に関心を持ったきっかけなど）も許容されており，活発なやりとりが交わされた。

観察方法　データ収集の方法は以下の 3 つである。第 1 に観察であった。気づいたことや観察された事象をメモした。なお，メモについては後で見直したときに明確に想起しやすいように，なるべく具体的な記述を心がけ，その日のうちにフィールドノートとして清書，記録した。第 2 にビデオ録画を用いた。

観察1，2，3についてはボランティア団体が市民活動を記録するという目的で現場に訪れていた関係で，撮影された映像がインターネットで無料公開された[3]。この映像を主として音声データを起こすために用いた。第3に関係者へのインタビューであった。対象者は観察の場に居た参加者，およびサイエンスカフェ主催関係者であった。雑談形式の会話を通じて情報を収集し，帰宅後，メモに記録した。インタビュー時間は特に定めなかった（5分から20分程度）。ゲスト・スピーカーの選定理由など，主催者側の事情について詳しい情報を収集するために，インタビューを用いた。

手続き　団体A，Bともにホームページより連絡先を確認し，メールで参加申し込みを行った。参加者の情報を少しでも多く確実に記述するために会場には15分前から20分前に到着した。また，観察者はなるべく後ろの席に座り，場の全体像を見渡せる位置に着席した。会が開始された後は，参加している人々の特徴を捉えることを心がけ記述を行った。話題提供と質疑応答の双方の部で観察を行い，配布資料が存在する場合にはこれらにも目を通した。終了後，必要に応じて参加者，主催者との雑談を行い情報を収集した。なお団体A，B両方とも，学術的テーマを中心とするサイエンスカフェという点で共通しており，かつ　観察の行われた2006年当時としては貴重なサイエンスカフェの実例ということもあり，これらの観察データを一括して分析対象とした。

研究発表の許可　本論文は団体A，Bの主催者に連絡を取り，事前に原稿を確認していただいたうえで発表許可を得た。ただし，特に実際の会話データをそのまま使用する箇所において，本人特定につながる可能性がある情報の会話内容を改変した。

第3節　結果と考察

以下，フィールドにおいて見られた成員全体の発言に注目し，2つの点に焦点を当て，分析を行う。第1に市民参加者の関心の所在である。これについて

3）　当ボランティア団体は筆者とは無関係な組織であり，偶然居合わせたものである。なお，研究の再現性の観点から映像については保存を行ったうえでデータとして扱った。

はKJ法を用いることにより，市民参加者の発言の全体的な傾向を明らかにする。第2に科学者と市民の対話について，その構造を検討する。これについてはディスコース分析を用いることにより，実際の文脈に即した形で発言を分析するものとした。

1. 分析1　市民参加者の関心の所在：KJ法による発言の分析

観察を通じて得られた発言データの中から市民参加者の発言を抽出し，筆者がKJ法を用いてグループ編成を行った。グループ編成は4段階にわたって行われた。開始時に166個の発言のまとまりがあり，第1段階で70個，第2段階で37個，第3段階で9個，そして第4段階で4個のグループのカテゴリが得られた。第4段階終了時点でのカテゴリを最上位のものとし，かつ第3段階のカテゴリをサブカテゴリとして図解化した（図7-1）。

これらのカテゴリは，サイエンスカフェにおける市民参加者が何を求めて参加しているかを示すものである。最上位のカテゴリである「テーマに関係する知識を得る」「自身の意見を述べる」「場の「手続」について知る」「スピーカーの人物像に迫る」の4つは太い黒線で表記した。また，実線で表記した四角形はサブカテゴリを示している。サブカテゴリ間を結ぶ線は，グループ編成の段階において，当該サブカテゴリ間の関連性が強いと解釈することで最も適切に現象を説明できると考えられたものに付されており，第3段階での内容をもとに設定した。なお，図中に示したラベルはすべて線に付されたものである（例として，「別の視点を持ち込む」ラベル）。

以下，それぞれのカテゴリの関わりについて述べながら，考察を行う。なお，必要に応じて観察データ，および発言データを引用する。

（1）KJ法によってまとめられた各カテゴリの説明

「テーマに関係する知識を得る」カテゴリは，会において設定されたテーマに沿った質問によって構成された（データ7-1）。

96　第7章　研究3：病者の経験を伝えるためのコミュニケーションのあり方

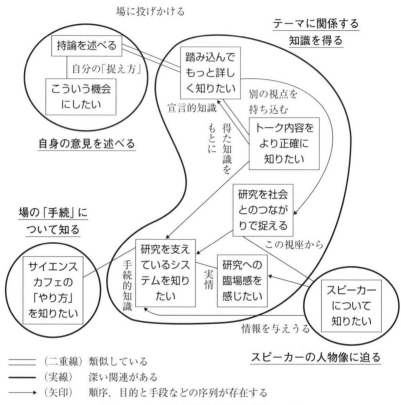

図7-1　会における参加者の発言に関するKJ法

　下線を引いた文章は，それぞれのカテゴリ（最上位）の名称である．すなわち，中心部に位置する5つのサブカテゴリを持つカテゴリ（最上位）の名称が「テーマに関係する知識を得る」，左上が「自身の意見を述べる」，左下が「場の「手続」について知る」，右下が「スピーカーの人物像に迫る」，であることを示す．サブカテゴリ間をつなぐ線・矢印・二重線・ラベル（添え言葉）の意味は，川喜田（1986）に則って構成するとともに，凡例として図中に示した．ラベル（添え言葉）は，（サブ）カテゴリ間の関係について，より詳細な説明が必要であると考えられた箇所について，線・矢印・二重線の脇に付したものである．

〈データ7-1〉
・「遺構っていうのは何なんですか？」(「トーク内容をより正確に知りたい」発言例)
・「大型コンピュータでも（カオスの計算は）無理？」(「踏み込んでもっと詳しく知りたい」発言例)
・「(研究が)ある程度の大きさになったらどこかの企業や機関に任せた方が良いのでしょうか？」(「研究を支えているシステムを知りたい」発言例)

＊発言データ中の（　）は，文脈を理解しやすくするため観察者が適宜補った箇所を示す

　このカテゴリを構成する5つのサブカテゴリの存在は，サイエンスカフェのテーマに対する市民参加者の解釈多様性を示していると言える。「トーク内容をより正確に知りたい」は，言葉の定義の確認など，知識の理解に努める発言を含むサブカテゴリであった。また，「踏み込んでもっと詳しく知りたい」においては，発言者は会で得た知識と自分自身のアイディアを組み合わせながら，発展的な問いを発していた。

　これとは対照的に，「研究を支えているシステムを知りたい」においては，実際に研究を行う際の進め方についての問いが含まれた。これらは，「手続き」や「やり方」に対する関心を示しているものと考えられる。

　このような，サイエンスカフェにおける「テーマ」についての市民参加者の捉え方は，Anderson (1983) に由来する知識の二分法である「宣言的知識」と「手続的知識」を解釈の枠組として援用することで，適切に理解されると考えられる。市民参加者の発言は，「トーク内容をより正確に知りたい」および「踏み込んでもっと詳しく知りたい」カテゴリに含まれるような，科学における宣言的知識に注目してなされるだけでなく，「研究を支えているシステムを知りたい」カテゴリに示されているような，研究の進め方についての手続的知識，および研究という営みそのものへの関心を示すものも含んでいる。すなわち，「研究とは，（研究者が）所定の手続きを踏襲して実践するもの」という市民側の視点が鮮明に表れているとも考えられ，人間の活動としての研究，あるいは社会の一部としての研究という，より実際的な日常の文脈に基づいて，市

民参加者が研究を捉えている(あるいは捉え直している)可能性が示唆された[4]。

　このような「知識」に焦点を当てた発言が見られた一方で,ゲスト・スピーカーとして招かれた科学者自身について問う発言も見られた。「テーマに関係する知識を得る」のサブカテゴリ「研究を社会とのつながりで捉える」は,研究の(社会的な)意義について問うという意味で,俯瞰した発言であると考えられる。また,このサブカテゴリは,社会とのつながりの中で研究者を捉えた発言が見られた「スピーカーの人物像に迫る」のサブカテゴリである「スピーカーについて知りたい」と,研究および研究者の双方が「社会」とのつながりという文脈の中で(市民参加者によって)関心を持たれ,問われたという点で関連していると考えられた。また,「スピーカーについて知りたい」は,(本研究におけるデータ収集が行われた2006年時点での)最先端の研究動向への質問や研究者の苦労話などを含む「研究への臨場感を感じたい」と,実際に科学の「現場」で活動しているゲスト・スピーカーを対象とした会ならではの問いがなされていたという点で関連が強いものと考えられた。

　特に「スピーカーについて知りたい」サブカテゴリにおいては,スピーカーの実績についての問いが含まれた(データ7-2)。

〈データ7-2〉
・「いま院生でいらっしゃるということですが,社会でどうしていきたいのか」(「スピーカーについて知りたい」発言例)
・「この道に進まれたきっかけというのは」(「スピーカーについて知りたい」発言例)

---

[4]　KJ法で図解化されたカテゴリ間の関連をより適切に分類・解釈するにあたりAnderson (1983)の「宣言的知識」および「手続的知識」の用語,概念を最も適当と判断し利用した。ただし,サイエンスカフェという場において言語的に表明される知識は,すべて宣言的知識であるとも言える(たとえ「やり方」についての言及であっても,「やり方」についての宣言的知識である,と解釈することが妥当であろう)ため,本研究においては発言の分類・解釈のための援用に留める。

このことから，サイエンスカフェにおいては，スピーカーから提供されたテーマに関する科学的知識だけでなく，科学者であるスピーカーの人物像も，市民参加者にとっての関心の対象となりえることがわかる。以上のカテゴリにおいては，「知識」と「人材」という面から「科学」についての発言がなされている。

一方でサイエンスカフェという場そのものへの関心を示す発言も見られた。「テーマに関係する知識を得る」のサブカテゴリ「研究を支えているシステムを知りたい」は，「場の「手続」について知る」のサブカテゴリ「サイエンスカフェの「やり方」を知りたい」と，「手続的知識」という観点で密接な関係を示唆している。「場の「手続」について知る」カテゴリにおいてはテーマそのものへの関心は示さずに，説明方法などの「やり方」への関心が示された（データ7-3）。

〈データ7-3〉
・「自社の研究発表のヒントになるかなと思い，神戸大，京大と参加している」（「サイエンスカフェの「やり方」を知りたい」発言例）
・「式と数字を書いていただいたほうが私たちにはわかりやすい」（「サイエンスカフェの「やり方」を知りたい」発言例）

この点から，サイエンスカフェの「テーマ」だけでなくサイエンスカフェの「やり方」（「手続」）そのものが関心の対象となっていることが示された。

以上のカテゴリにおける発言は，関心の対象から「知識」「人物」「手続」の3つに分けることが可能である。これらは「何かを得る」という意図を示すという点で共通する。

これに対し，「何かを言う」ことを関心の中心に置いている発言も見られた。これは「テーマに関係する知識を得る」と「自身の意見を述べる」との関係から明らかになる。

「自身の意見を述べる」カテゴリは，当該テーマについて何かを得ることや，知ることに対する発言を含まない。同時に，このカテゴリは「テーマに関係す

る知識を得る」カテゴリと関連する。両カテゴリをつなぐのは，それぞれのサブカテゴリの「踏み込んでもっと詳しく知りたい」，「持論を述べる」である。

「踏み込んでもっと詳しく知りたい」は，特定個人への呼びかけだけでなく，場全体へ問いかけるという様相を呈しており，この点において「持論を述べる」と意味的にほぼ同義なものとして位置づけられたことから二重線で表記した。しかし，「持論を述べる」サブカテゴリは，データ7-4に示した「未来永劫ないですよ」という発言に表されるように，「問う」ことをせず，断定的，あるいはただ主張をするという点において，「踏み込んでもっと詳しく知りたい」と異なっている。

〈データ7-4〉
・「雲の形と同じでね，同じ形になるってことは未来永劫ないですよ」（「持論を述べる」発言例）

（2） KJ法小括および具体的な発話を分析する必要性

KJ法によって得られたカテゴリを実際に発言がなされたときの文脈から概観すると，以下の2つに大別できる。第1に，「何かを得に来た」ことを示唆する発言である。「テーマに関係する知識を得る」「場の「手続」について知る」「スピーカーの人物像に迫る」の3カテゴリがこれに含まれ，市民参加者の「問い」に対して科学者が「回答」するという形式で会話がなされていた。これに対し，第2に「何かを言いに来た」ことを示唆する発言も存在した。「自身の意見を述べる」カテゴリが該当し，市民の発言は解に向かう「問い」というよりは，自分の考えを述べるものとなっていた。

「自身の意見を述べる」カテゴリについては，サイエンスカフェの「科学者と一般の人とが同じ目線に立ってコミュニケーションをする場」（日本科学未来館，2006）という一般的目標と照らし合わせることで理解が可能であると考えられる。市民は科学知識の受け手としての立場だけでなく，何かしらのアウトプットをする存在として期待されているからである。そしてここでのアウトプットとは，科学知識生産そのものである必要はなく，非専門家である市民と

しての視点で捉えられた発言なのである。

　この点において，サイエンスカフェにおける「対話」という性質を最も明確に表している発言は，「主張している部分」，すなわち「自身の意見を述べる」カテゴリに属すると考えられる。このカテゴリの発言は「教授−被教授」という枠組みでない科学コミュニケーションの可能性を示していると言えるだろう。

　分析1においては，KJ法を用いることによって，場の発言の全体像は明らかになっている。しかし，対話の成否を理解するためには，「自身の意見を述べる」カテゴリに属する一連の会話—市民参加者が自身の意見を述べた際の対話構造—の分析を行う必要がある。また，実際の発言は実際の発言は文脈によって意味が変わることからも，こうした発言は前後関係を含んだうえで，具体的に分析されることが要請される。

2．分析2　「対話」構造の検討：ディスコース分析

　サイエンスカフェという場においては「科学者と市民」という枠組みが設定されている。このような「役割」についての概念として，「参加構造」（茂呂, 1997）が挙げられる。「参加構造」とは，複数の参加者が存在する会話において，「誰がどのように参加しているか，もしくはすべきかというコミュニケーションの構造」（磯村・町田・無藤, 2005）である。こうした「コミュニケーションの構造」を分析するものとして，ディスコース分析がある。ディスコース分析においては，会話は発話者が抱いている意見や感情などを伝えるための媒介物ではなくそれ自体が何らかの関係性を構築していくものとして分析の対象とされ（佐藤, 2003），分析の対象をその場の対人関係と関連付けて理解する（金田, 2000）。

　以上の点から，分析2ではサイエンスカフェという場におけるコミュニケーションを理解するための方法としてディスコース分析を用いる。分析の対象とした発話は図7-1における「自身の意見を述べる」カテゴリとしてまとまった発言データである。分析においては発言の文脈を把握することが必要なため，会話の自然な流れ（シークエンス）に応じて，前後の発言を含み抽出して分析を行った。繰り返しデータを検討し，類似の会話をコード化した後，解釈レパートリーを用いて構造を整理した。

KJ法によってまとめられた「自身の意見を述べる」カテゴリに属する会話の切片は26個存在した。これらの切片の前後の会話を含めて文脈ごとにまとめ，同数のシークエンスとして抽出した。この26シークエンスを対象にディスコース分析を行った結果，後続する発話の形式から，対話構造は「収束」（発話に対して，不足している情報を補足し，さらに詳細な情報提供を行うことで，共通の見解に至るよう収束させる），「発展的修正」（発話に対して（事実誤認などの理由から）修正を迫りながらも，場の会話を維持し対話を発展させる形で位置づけ直す），「流し」（発言に対して有効な返答をせずにそのまま放っておく），の3つにまとめられた。本研究のすべての観察を通じたデータに基づきまとめられた「自身の意見を述べる」カテゴリに含まれる26シークエンスは，上記3つの構造のいずれかに分類することができた。なお，すべての構造において，発話の担い手の方向性は同一であった。以下，3つの対話構造について詳述する。

(1) 発言をめぐるせめぎ合い：「収束」「発展的修正」「流し」の構造から

表7-3は「収束」構造がみられる代表的な例である。ただし会話例は，発達の予測可能性をめぐる会話に書き換えた。実際には数学における予測可能性をめぐり会話がなされている場面であった。発言者の人物像は，Aが市民，Bが科学者であった。

表7-3　「収束」ディスコース（具体的な専門用語への言及箇所については本人特定に繋がる可能性があるために会話内容を改変した）

A：実験環境での変数は3種類しかないわけでしょ，自然界にはそれが無限にあるわけでしょ，だから予想できないってことでしょ。そういうことでしょ。
B：仮に機械がきちんと測ったとして，同じであったとしても，数十年後の結果が大きく変わることがありえます。
A：人間がどう育つかは予想できませんわな。
B：実生活上には色んな変数がたくさんあり，日本から遠く離れたところにいるちょうちょが何匹飛ぶかで人の発達に影響を与える可能性だってある。
A：全ては全てに関連してるから，ちょっとした動きでも大きく変わるという可能性がある，というような。
B：それが予想できないという意味です。
A：市民参加者，B：科学者

冒頭，A（市民）が持論を展開し，それに対してB（科学者）が返答を行っている。Aの発言の主旨は，「測定が不正確であるから予測ができないのではないか」というものであったが，これに対するB（科学者）の発言は，「仮に機械が測ったとしても（正確な測定が実現されたとしても），予測不可能性は残りうる」というものであり，Aの主張では考慮しきれていない点を，より具体的な例を提示し，情報提供しながら論じている形となっている。一連の会話においては，Bが例を提示することを通じ，「予測不可能性」について当初は持論を展開していたAが，科学者であるBが示している「予測不可能性」の意味について（最終的には）了解したことが示唆されている。このように，（市民の）発話に対して，（科学者が）不足している情報を補足し，さらに詳細な情報提供を行うことで対話を収束させるものを「収束」構造とした。収束構造においては，新たな論点や視点が（市民・科学者のどちらからも）提示されることはなく，その場面で話題となっている言葉や概念に対する，より詳細な情報提供が中心となっていた。

表7-4は「発展的修正」構造がみられる代表的な例である。ただし会話例は，科学的知見の転用可能性をめぐる会話に書き換えた。実際には数学および工学

表7-4　「発展的修正」ディスコース（具体的な専門用語への言及箇所については本人特定に繋がる可能性があるために会話内容を改変した）

A：（○○理論は）ロボット技術なんかに生かせるんじゃないかと思うんですけど。
B：そこはちょっとわかんないですけど。
A：○○理論とファジーとは近いように思いますね。
C：ファジーとの関連を考えるうえで，ロボットがだんだん人間に似てくるという話がありますが，毎回同じ反応をされちゃうと飽きちゃうので，○○理論に基づいて，恋に落ちるロボットとかその日の機嫌によって異なる行動をするものは作れるかもしれませんね。
A：そう考えるとファジーと○○理論は違いますね。
B：方程式が立っても，最初の状態を完全に人間が制御できない限り，未来の予測ができるとは言えないです。今の私たちの手持ちのフレームワークではあくまで未来はわからない。全く新しいフレームワークができたら新しいものが出てくる可能性はありますね。
A：ということは，今の○○理論は，将来科学が進歩したらわかるようになるかもしれないものも含んでいるわけですか？

　　　　　　A：市民参加者，B：科学者，C：サイエンスカフェ主催者（大学教員）

における「曖昧さ」をめぐり会話がなされている場面であった。発言者の人物像は，A，Cが市民，Bが科学者，Dがサイエンスカフェ主催者（大学教員）であった。

　表7-4に示されている「○○理論」は数学や工学における「曖昧さ」を示すものであり，この場面において話題となっていた。冒頭，A（市民）が○○理論をロボット技術へと援用できるのではないかとの持論を展開するとともに，類似の概念である「ファジー」との関連を主張した。Bは科学者（数学者）であるものの，ロボット工学は専門外であることから，「そこはちょっとわかんないですけど」と述べるに留まった。この時点で会話は「収束」する可能性があったが，A（市民）はさらに「○○理論とファジーとは近いように思いますね」とさらに述べることで，B（科学者）から満足の行く回答が得られなかったことを示唆している。このようなA（市民）の発言に対し，C（主催者）がB（科学者）に代わって返答を行っている。C（主催者）はA（市民）が述べていた「○○理論とファジーの関連」および「ロボット技術への転用」について言及することにより，A（市民）の発言内容自体は適切なものであったという形で肯定している。また，「ロボットがだんだん人間に似てくるという話がありますが」という一般論として情報提供を行うことにより，より身近な（誰でも想像が可能であり，会話への参加が容易になる）形で，会話を促していることがうかがえる。同時に，「○○理論に基づいて，恋に落ちるロボットとかその日の機嫌によって異なる行動をするものは作れるかもしれませんね」という具体例を示すことで，当初は○○理論とファジー概念との類似性を主張していたA（市民）が「そう考えるとファジーと○○理論は違いますね」と，自身の思考を整理し，考えを変容させるに至ったことが示唆されている。このようなC（主催者）とA（市民）のやりとりを経て，B（科学者）もまた，学術の将来的な可能性という，（B自身にとっても知りえない）より一般的な話題を展開し，それがまたA（市民）による「今の○○理論は，将来科学が進歩したらわかるようになるかもしれないものも含んでいるわけですか？」との質問を引き出すに至っていると考えられる。

　このように，C（主催者）は直接的に「○○理論とファジー概念は違う」と指摘するのではなく，あくまで場の会話を維持し対話を発展させる形で，事実

誤認などの修正を促し，市民の発言を位置づけなおしていた。このことから，「発展的修正」構造とした。なお，主催者（大学教員）は生物学および物理学を専門領域としていたものの，それぞれの会で設定されていたテーマそのものについて直接関わる領域ではなかったことから，あくまで「一般論」に基づいた議論や，「可能性の議論」に（あえて）言及することにより，会話の間口を広げることに繋がっていたことが示唆された。

以上の「収束」と「発展的修正」構造は「自身の意見を述べる」カテゴリの発言に対応して会話が継続されたケースであった。これに対し，対応する後続発言が存在しないケースも認められた。このような構造を「流し」とした。

「流し」の構造が認められた代表的なシークエンスを表7-5に示した。A，Cは市民参加者であり，Bは科学者であった。A（市民）が発した「＊＊学っていうのは，科学だと思っているんだけれども，人の心を知ることがこれからの社会にどう役に立つのか」という問いは，直後にB（科学者），さらに続いてC（市民）によって回答されている。つまり，1つの問いに対して，2つの回答がなされている。C（市民）の「僕は（＊＊学と社会問題との間の）どこかに共通点があると思いますよ」という発言は，回答であると同時に「自身の意

表7-5　「流し」ディスコース（具体的な学問名への言及箇所については本人特定に繋がる可能性があるために会話内容を改変した）

A：質的とか量的とかのアレで，＊＊学の捉え方がそんなに違うのかというのがまた驚きで。
B：その2つが実は関係があるっていうのがこの後のお話で。
A：＊＊学っていうのは，科学だと思っているんだけれども，人の心を知ることがこれからの社会にどう役に立つのか。
B：さらに判りにくくなるかもしれませんが《と前置きし，説明およびホワイトボードへの板書を開始》
C：僕は（＊＊学と社会問題との間の）どこかに共通点があると思いますよ。

《Bが一時板書の手を止める。直前のCの発言から6秒待ち，＊＊学についての説明を再開する。》

C：（ホワイトボードの図に対し）それは社会科学の話なのか自然科学の話なのか？
B：どちらもです

A：市民，B：科学者，C：市民
＊（　）の箇所は文意をわかりやすくするために筆者が補った。

見を述べる」ものでもあった。(他の)市民・科学者・主催者などが返答者になり得たものの,実際にはC（市民）の当該発言に対応する発言はB（科学者）からもA（市民）からも示されず,かつ「発展的修正」構造の際に見られたサイエンスカフェ主催者による介入も見られなかった。この後,C（市民）は「(ホワイトボードの図に対し)それは社会科学の話なのか自然科学の話なのか？」と,自ら「問い」を発する側となることでB（科学者）の「どちらもです」という回答を導き,発言を文脈に位置づけることに成功した。

このことから,「流し」の構造は以下の2つの特徴があると言えるだろう。第1に発言者から発言権を一時的に奪うことである。第2に発言者を,後続するシークエンスの中で「問い」を発する側に置くことである。

(2) ディスコース分析の小括：「修正」構造における「ファシリテーター」の機能

ディスコース分析の結果,「収束」「発展的修正」「流し」の3構造が認められた。このうち,「収束」は科学者と市民によって構成され,「流し」は市民の発言に対して科学者も他の市民もサイエンスカフェ主催者も取り合わない形で構成されており,「発展的修正」のみサイエンスカフェ主催者が市民の発言に対して介入する形で構成されていた。

サイエンスカフェ主催者の介入は,市民の主張に対し科学者が明確な反論,あるいは追加的な情報提供を行えない場合に,市民の示した意見を発展させる形で実行されている。サイエンスカフェ主催者は司会ではなく,会の進行を随時サポートする「ファシリテーター」と表現すべき役割を担っていた。したがって,「収束」構造は市民と科学者によって担われるが,科学者の「手に余る」状況ではファシリテーターが「発展的修正」する発言をすることで,場の会話が維持されるということが示された。

これらの点から,「ファシリテーター」の発言に示される「ファシリテーション機能」とは,「市民参加者が自分の意見を述べることを不適切としない」ことにあると言えよう。内容的には質疑（または主張）に対応しあぐねているゲスト・スピーカーに対する補助であるとも捉えられるが,構造的には市民の発言が―たとえゲスト・スピーカーに対立する意見であっても―発言として認

められるようにする機能を担っていると考えられる。

このように「ファシリテーター」が介入する発言を行うことにより「自身の意見を述べる」ことがより容易になる。「自身の意見を述べる」ことによって双方向コミュニケーションが実現される点から考えるに、「ファシリテーター」の発言による「ファシリテーション機能」はサイエンスカフェをはじめとした専門家と非専門家のコミュニケーションの場において欠かすことのできないものであると言えるだろう[5]。

第4節　総合考察

1. まとめ

本研究においてはサイエンスカフェをフィールドとし、成員の発言に注目することにより、科学者と市民のコミュニケーションについての検討を行った。その結果、場では市民参加者が様々な視点から発言を行う形で会話が進められている点、およびこうした会話を支える「ファシリテーション機能」の重要性が示唆された。

分析1においては、市民参加者の関心の全体像を把握するためにKJ法を用い、発言を4カテゴリにまとめた。杉山（2007）はサイエンスカフェ参加者が多様であることに注意を促していたが、本研究では発言の分析から市民参加者の関心の多様性について実証的な知見を提出しえたものである。分析2においては、サイエンスカフェの一般的目標である「科学者と市民の対話」の実態を検討すべく、市民からの主張があり「対話」の成立が見られた「自身の意見を述べる」カテゴリの発話を対象にディスコース分析を行った。その結果、後続する発話の形式から、「収束」（発話に対して、不足している情報を補足し、さらに詳細な情報提供を行うことで、共通の見解に至るよう収束させる）、「発展的修正」（発話に対して（事実誤認などの理由から）修正を迫りながらも、場の

---

[5] ファシリテーション機能を理解するうえで、ファシリテーターの発言のみを対象としKJ法などを用いた分析を行うことも重要となる。しかしながら、本研究においては、対話の実態を流れに沿って理解することがより重要な課題であると考えられたことから、ディスコース分析による構造の提示に留める。

会話を維持し対話を発展させる形で位置づけ直す)、「流し」(発言に対して有効な返答をせずにそのまま放っておく)の3つの構造が存在するものと考えられた。

「発展的修正」構造においては、「科学者と市民の対話」場面における第三者として「ファシリテーター」が存在していた。「ファシリテーター」の介入は、市民の主張に対し科学者が明確な反論または情報提供を行えない場合に見られた。したがって、「収束」構造は市民と科学者によって担われるが、科学者の「手に余る」状況ではファシリテーターが「発展的修正」する発言をすることで、場の会話が維持されるということが明らかとなった。

以上の分析をもとに、「ファシリテーター」の発言に示される「ファシリテーション機能」について以下の2つの機能を提示した。第1に会話内容の点から、言葉の知識や定義についてある程度の「正しさ」を示すことである。第2に会話の構造の点から、市民が「自身の意見を述べる」ことを容易にすることである。「自身の意見を述べる」カテゴリの発言に対し、それを「発展的修正」しながらも否定せず場への話題提供として利用する構造を形成することによって、「自身の意見を述べる」ことは場において不適切な行為でないということが示される。これにより、「科学者が正しい「解」を持っており市民はそれを尋ねる」という一方向的なコミュニケーションではなく、双方向的なコミュニケーションが成立するための基盤となると考えられる。

なお、本研究における「対話」はもっぱら「科学者－ファシリテーター－特定の市民」という三者間でなされていた。市民同士のやりとりは1つの「対」に留まり、それ以上の展開は認められなかったが、市民間の対話をファシリテーターが支える可能性を否定するものではない。サイエンスカフェという手法が普及してきている現在、「科学(者)」と「市民」との関係や相互理解の状況を的確に捉えるための研究の重要性は増しているし、また今後、「科学(者)」と「市民」の関係が変化する可能性もあるため、場の継続的な評価と分析を通じ、市民同士の会話や議論がどのように展開しうるのかどうか検討していく必要があるだろう。

2. 本研究の意義

本研究においては，「科学者と市民」という立場性が存在しつつも双方向性コミュニケーションを志向するサイエンスカフェをフィールドとし，双方向コミュニケーションの成立における「ファシリテーション機能」の重要性を記述的に明らかにした。つまりサイエンスカフェの成立においては，本来の参加者として想定されている科学者，市民だけでなく「ファシリテーション機能」を提供する「ファシリテーター」によって担われる構造が重要な役割を果たしていると考えられる。

一般に，相互作用のみられる人々の集合体は「集団」として分類される。しかし「集団」の定義の1つである「目標を持った組織体」という点については本研究の事例は該当しないものと考えられる。サイエンスカフェという場そのものについては一般的目標が設定されているものの，分析1で示したように市民参加者は様々な視点から発言を行っており，集合体成員の水準で見ればその目標は同一であるとは言えないからである。「集団」に対応するもう1つの分類は「集合状況」であるが，相互作用の存在という点において，これも適当ではないと考えられる。

以上の点から，サイエンスカフェという場は心理学の「集団」「集合状況」という二分法では捉えきれず，かつ言葉によって営まれる集合体であると考えられる。村本（1996）の主張においては，成員間の相互作用が存在する場合の検討がなされていなかった。これに対し本研究においては，相互作用が存在しかつ集団成員性が曖昧な場合に，集合体を成立させ維持していくうえでの「ファシリテーション機能」およびその担い手としての「ファシリテーター」の重要性が示された[6]。

今回の諸事例においては，主催者が結果として「ファシリテーター」の役を果たしていたが，この結びつきは必然ではなく，主催者とファシリテーターが別人であってもよいはずである。したがって，本研究において提示した「収

---

6) 本研究においては限られた範囲の事例を扱っており，かつ「ファシリテーション機能」に焦点を当て検討を行った。したがって，ファシリテーターが存在しない場合に同様の集合体がどのように成立・維持され，どのようなコミュニケーションが生じうるかという点については今後の課題とする。

束」「発展的修正」「流し」といった構造も今回と異なる属性を持った者が担い手となる可能性があるため，本研究の知見は「ファシリテーション機能」とそれを担う「ファシリテーター」の存在がサイエンスカフェのような「言葉を媒介として営まれる集団」の成立や維持において重要な意味を持つという主張に留め，実際にどのような人物が「ファシリテーター」の担い手として適切なのか，という論点については今後の課題とする。

　サイエンスカフェは科学知識を対象とした，専門家と非専門家の新しいコミュニケーションの試みの場であるが，「専門的知識」は科学に限るものではない。特に近年では，神経難病者など，重篤な病いに罹患した者が自らの経験を語るという場が存在している。このような，（神経難病との関わりの少ない人にとっては）想像がしがたいであろう，人間の経験を理解する際にも，同様にファシリテーション機能が必要になるのではないか。「ファシリテーター」の機能の分析や「ファシリテーター」によるコミュニケーション構造の分析は，今回の対象であるサイエンスカフェというフィールドにとどまらず，このような類似の場における活動の分析においても参照可能な知見となる可能性がある。

　総じて，「ファシリテーター」の分析は，価値観や背景の多様化が指摘される近年の人間関係を検討するうえで，互いの知識差などの多様さを認めながら「水平的人間関係」に基づいた集団を維持していくための転用可能性（サトウ，2004）に満ちているのではないだろうか。

第8章

研究4：病者アドボカシー企画の運営と意義の変容過程：複線径路・等至性モデルによるALS患者参加型企画の分析

第1節　問題と目的

1．患者（当事者）参加型の企画

　近年，病いや障害の当事者が授業やシンポジウムなどの場に登壇し，自らの経験を語るという取り組みがみられる。それらの狙いは，障害理解を深めるための教育的なものであったり，稀少性の高い疾患の一般的な認知度を上昇させ権利擁護の促進を図るためであったり，と様々な形をとる。いずれの場合においても共通するのは，病者の姿，具体的な人生の経験を伝えることが，重要な行為であると位置づけられていることである。

　病いの当事者が自らの経験を語る実践は，アドボカシー（advocacy；権利擁護活動）の文脈で実施されてきた。「患者」あるいは（病を被った）「被害者」としてではなく，可能な限り自分の運命を自分で決めることを可能とするために，病者本人ならびに家族など周囲に人々に病いの実態を周知することを通じ，治療法・療養方法を自ら選択したり，強制的な退職，居住地の退去（隔離）などに抗議・対抗したりするための，知識と権利を獲得していくための，一連の活動であるとされている（Davenport-Ennis, Cover, Ades, and Stovall, 2002）。近代的なアドボカシー活動の嚆矢はAIDS患者におけるものであり（Davenport-Ennis et al., 2002），医療や法律の専門家，病者の家族，病者自身，同病者を対象としたものであった。現在では，これらの人々のみならず広く市民も対象として，様々な病いや障害の実態の理解を促進するための試みが行わ

れている。なお，市民に向けたアドボカシー活動は「ノーマリゼーション」の概念の広がりとともに，ますます展開されていくことになるとの予想が，1970年代の時点でなされてもいた（Wolfenberger, 1972）。

日本におけるアドボカシー活動の意義を研究したものは例が少ないが，精神障害者を対象としたものが存在する。原（2008）は精神障害者に対する社会的偏見が根強く残る要因として，病院への隔離収容，市民との接点の不足，法律・行政による差別，学校教育の不足，マスコミ報道の5つを挙げる。さらに原（2008）は，偏見を減らすのに最も有効なものとして，「目と耳で接する姿」「具体的な人間の物語」の2点を挙げている。

現在，学校教育においても病者・障害者が自らの経験を語る「当事者参加型授業」が導入されている事例がある。柴田（2010）は授業評価のレビューを通じ，「当事者参加型授業」の形式として複数の当事者が参加，障害に至るまでの経緯や，現在の生活の様子など体験を語るものが多いと述べ，病者・障害者へのイメージが変化し，当事者に勇気づけられ敬意を払う姿勢を養われるなど，情意的領域にも効果があったと整理している。

このように「病者に実際に出会い，物語を聞くこと」は，市民における偏見の減少や，その病いや障害の実態への理解が深まるという意義を持つものであると考えられる。一方で，こうした取り組みを継続的に実施するなかで生じる維持と変容の過程について詳細に分析をした研究は十分ではない。赤阪・日高・サトウ（2011）においては，潰瘍性大腸炎患者である赤阪自身が高校生を対象とした講演に臨み，高校生の障害観の変容の実態を分析しているが，これは単発の企画であり，継続的に実施された企画ではないという点に留意が必要である。継続的なアドボカシー企画がどのように維持されるのか（維持されないのか）という過程については，知見が得られていないのが現状である。

筆者および協同研究者は，神経難病である筋萎縮性側索硬化症（Amyotrophic lateral sclerosis；ALS）患者が登壇し，自らの病いの経験を語る企画を継続的に実施してきた。本研究においては，この「筋萎縮性側索硬化症の病者が自らの病いの経験を語る企画」（以下，ALS患者参加型企画）を分析対象とし，その維持と変容の過程を描き出す。次節以降においては，背景情報として，ALSという病いの特徴について概観するとともに，時間を捨象せずに人（人々，集

団）の変容過程を描く方法論である複線径路・等至性モデルの適用について述べる。

2．筋萎縮性側索硬化症について

　筋萎縮性側索硬化症（ALS）は進行性の神経難病であり，病いの進行に伴い，患者は全身の随意筋の運動機能を喪失する。四肢の機能を喪失すれば歩行が困難となり，やがては呼吸筋の機能喪失により，自発呼吸すらも困難となる極めて重篤な病いの一つである。随意筋の運動が損なわれる一方で，意識・知覚・知能は正常に保たれることが知られており，患者は意識を保ちながらも動くことができないという状態におかれることとなる。2016年現在の日本においては，約9,000人の患者が存在すると報告されている（難病情報センター，2016）。

　ALSは，患者会を中心として，研究者も参画しながら，様々な形での支援および自立した生活を送るための試みが盛んに行われてきた病いの一つでもある。ALS患者である橋本みさおは，人工呼吸器を装着している全身性障害者であるが，介護人派遣事業を開始し，自らのケアを通じて介護者を育てることを事業化することにより，経済的にも自立したうえで独居生活を実現している人物として知られている（橋本・川口，2015）。また，学生や報道記者がボランティアとしてALS患者の独居生活支援を行う取り組みなども行われている（岡本・川口，2015）。

　これらは，「（ALSという）重篤な病いを患っても，日々を充実して生活していくための方法がありうる」という可能性をもたらすという意味において，ALS患者達のみならず，その他の重篤な病い・障害とともに生きる人にとっても有意義な事例となっている。一方で，これらの事例を一般化するための方法については課題も多い。岡本・川口（2015, p.78）は，「「私はあんな風にはなれない」とみなされてしまっては，一般化される道にならない。しかしこれはALSに限ったことではなく，突出した誰かが最初に「スーパースターモデル」をやらなければ運動の突破口が開けないのも事実」と述べ，「モデル化」することが，事例を一般化し，転用可能な知見とするための方法であることを示唆している。

　やまだ（2002）は心理学におけるモデル構成は「特定の現場に根ざすローカ

リティをもちながら，他者と共有できるような一般化」を行うものであるとしている。さらにサトウ（2007b）は，前述やまだ（2002）を踏まえたうえで，「ローカリティをもちながらの一般化という矛盾した要請に応えるには，モデル化という作業が有効」と述べている。このような「モデル化」を実現するための適切な方法論の一つとして，複線径路・等至性モデル（Trajectory equifinality modeling；TEM）が挙げられる。次節においては TEM の理論的背景を概観するとともに，多人数が参加する企画の分析における TEM の導入について議論を行う。

3．TEM を用いた患者参加型企画の分析可能性

　TEM とは，発達心理学・文化心理学的な観点に等至性（Equifinality）概念と複線径路（Trajectory）概念を取り入れようと創案されたものであり，人間の経験を時間的変化と社会的・文化的な文脈との関係で捉え，その多様な径路を記述するための方法論的枠組みである（安田，2015）。人が他者や自分を取り巻く社会的な状況に応じて異なる径路を選択し，多様な径路をたどりながらも類似した結果にたどり着くというプロセスを記述することが，TEM の主眼である。より端的に TEM の方法論的特徴を述べれば，対象者の具体的な経験のプロセスを，時間を捨象せずに描き出すとともに，対象者の経験を社会との関係性のなかで理解すること（サトウ，2009b），そして対象とする人々が生きた時間，生きた場所を丁寧に描き出せるという点（サトウ，2012）として整理されよう。また，現在では TEM から発展した総合的なアプローチである複線径路・等至性アプローチ（Trajectory equifinality approach；TEA）が提唱されている（サトウ，2015a）。

　TEM および TEA を用いた研究は発達心理学，文化心理学，保育学，教育学，スポーツ心理学など多様な領域においてみられるようになってきているが，いずれも「特定の（類似の）経験をした人々の径路を描く」ことが主眼に置かれている。たとえば安田（2012）においては，「不妊治療」の経験を持つ者を対象とし，その人生選択の過程を丁寧に描き出すことが試みられている。

　一方で TEM および TEA の適用範囲は，「個人」の経験に留まらない点に留意が必要である。サトウ（2015c）は，分析の単位はシステム（オープンシステ

ム）であると述べ，例としてコミュニティを分析単位とすることも可能としている。その具体例としてサトウ（2015c）は，高校の部活動を1つのユニットとして分析する研究を挙げ，「15年前の＊＊高校吹奏楽部と今の＊＊高校吹奏楽部は，顧問も部員も1人も重なっていません。しかし＊＊高校吹奏楽部として存在していますよね。こうしたあり方はオープンシステムそのものなのですし，そのプロセスを描くことは可能」と述べている。

　アドボカシー企画においても，同様にオープンシステムとして捉えることで，TEMおよびTEAによる分析の可能性が拓かれる。すなわち企画の企画者や，参加者（参加する当事者や，その他の登壇者等）や開催地などが異なったとしても，一貫した企画として実施されているものであるならば，TEMによる分析が可能となると考えられる。詳細は後述するが，筆者らが実施してきた「ALS患者参加型企画」もまた，企画者，参加者，開催地などが毎年異なりながらも継続的に開催されてきたものであった。したがって，その維持と変容の過程を分析するうえでTEMを導入することは適切であると考えられる。

4．目　的

　本研究の目的は，ALS患者参加型企画の企画運営過程，および企画の意義の変容過程について記述することを通じ，病者アドボカシーの取り組みを継続的に実施するための指針となる知見を得ることである。

第2節　方　法

　ALS患者参加型企画　　企画の一覧を表8-1に示した。2006年から2012年にかけて，日本質的心理学会の年次大会における会員企画シンポジウムとして，いずれも開催された。シンポジウムの登壇人数は概ね4人程度であり，研究者，ALS患者，ALS患者会役員で構成された。登壇する患者・患者家族は，学会の実施される都道府県の患者会に呼びかけ，依頼する形式をとった。想定されたオーディエンスは学会参加者（研究者）を中心としたものであり，オーディエンスの人数は会ごとに異なったが，概ね30名程度であった。なお筆者は第二回（2007年）以降の企画において筆頭の企画者を務めた。また，筆者は

表8-1 筆者らの研究においてALS患者自らが登壇した学会企画などの一覧

日程	テーマ	学会・企画名
2006/8/6	生の質(死の質)とプロフェッションの質―ALS当事者や生殖医療当事者における選択と径路	日本質的心理学会第3回大会(九州大学)
2007/9/30	ALS患者と共に考えるコミュニケーションの質	日本質的心理学会第4回大会(奈良女子大学)
2008/11/30	ライフエスノグラフィとサービスラーニングの出会い―難病患者のライフとそれを支える多層システムに注目して	日本質的心理学会第5回大会(筑波大学)
2009/9/13	難病患者を支える多層システムの構築と広がり―「ラーニングの支援」に注目して―	日本質的心理学会第6回大会(北海学園大学)
2010/11/28	難病患者の生をどのように伝えるか?:「ライフ」の記述をめぐる方法論の可能性	日本質的心理学会第7回大会(茨城大学)
2011/11/26	神経難病とともに生きる病者の在宅療養文化の記述と転用可能性	日本質的心理学会第8回大会(安田女子大学)
2012/9/1	難病者への多層的支援システム構築に向けた「共同発信」の試み―多様なアクターの実践とその宛先に注目して	日本質的心理学会第9回大会(東京都市大学)

初回企画から第六回企画までは同一の研究機関に所属していたが,第七回企画の際には,所属を移動していた。

分析対象としたデータ 本研究においては,「方法論的ブリコラージュ(手元で使えるものは何でも使いつつ,創造的な工夫をする)」(無藤,2013)の観点から,企画の維持・変容過程に関わるやりとりを示す,以下4種のデータを分析対象とした。

(1)メール:企画を立てる段階での調整(ALS患者らへの登壇依頼や,テーマ設定に係る相談事等で構成される),企画の実施に必要な書類や手続きを済ませるための連絡(アブストラクトの執筆依頼や,登壇患者の交通費・学会参加費の手配等で構成される),企画終了時の登壇者間での感想のやりとり,

などが主たる内容であった。

（2）会議録：企画者間において実施した企画ミーティングの際のやりとりを記録した会議録を用いた。記録はノートの形で，会議終了後に筆者が整理したものであった。

（3）フィールドノート：企画実施中に気づいた点や，配慮の不足があった点などについて筆者がフィールドノートとして記録したものを用いた。

（4）報告冊子：ALS 患者参加型企画のうち第五回企画については，日高・滑田（2011）として冊子化されている。各登壇者の報告内容を冊子化したものであるが，企画の意義や登壇者の感想，コメンタリの追加などが含まれており，当時の出来事や登壇者の思いを理解するうえで重要な資料と考えられることから，分析対象とした。

TEM を用いた分析の作業手順　　本研究における TEM の分析手順は荒川・安田・サトウ（2012）に倣った。荒川ら（2012）においては，複数「人」のデータ分析の例が挙げられていたが，本研究においては，企画を年度ごとに別々に扱い，分析の対象とすることで，TEM の分析手順に準じることを可能とした。すなわち，各企画のデータについて，意味のまとまりごとに切片化し，企画ごとの時系列として，まず配置した。そして，企画間で類似していると考えられる出来事については，同じ列に並ぶように配置する作業を繰り返し実施した。類似した内容のものに対しては，付箋紙を用いて一語文程度で構成されるラベルをボトムアップ的につけ，まとめた。この手続きにより，ALS 患者参加型企画の維持プロセスを描くものとした。

TEM における分析枠組みは多様なものが存在しているが，本研究においては等至点（First Equifinality Point: First EFP），両極化した等至点（First Polarized Equifinality Point: First P-EFP），第二等至点（Second Equifinality Point: Second EFP），両極化した第二等至点（Second Polarized Equifinality Point: Second P-EFP），分岐点，必須通過点（Obligatory Passage Point: OPP），社会的方向づけ（Social Direction: SD），社会的助勢（Social Guidance: SG）の8種を用い図化した（各分析枠組みの説明は表8-2に示した）。

まず，当初の EFP（First EFP）は「企画を維持する」として設定し，その対となる両極化した EFP（First P-EFP）として「企画を維持しない」を設定

表 8-2 本研究で用いた TEM の分析枠組み

等至点	研究目的・研究関心に応じて研究者が設定する現象。
両極化した等至点	等至点に対する論理的な補集合。
第二等至点	企画の意義の観点から意味づけられた等至点。
両極化した第二等至点	企画の意義の観点から意味づけられた両極化した等至点。
分岐点	等至点に対する径路の分かれ道が発生する点。
必須通過点	企画運営の過程において必ず通過しなければならない出来事や行動が生じる点。
社会的方向付け	分岐点において等至点から遠ざけようと働く力。
社会的助勢	分岐点において等至点へ至るように働く力。

した。これらの First EFP・First P-EFP に基づき，ALS 患者参加型企画を維持するプロセスを，企画者の実施した様々なやりとりの点から径路として図示した。また，企画の維持が困難になりえた出来事を分岐点（BFP），EFP に至るうえで特に重要と考えられる出来事を必須通過点（OPP）とした。さらに，EFP に至る径路を妨害するような他者からの働きかけや情勢については SD として，逆に EFP への径路を支援する力を SG として設定した。

次に，分析の進んだ段階において，「企画の維持」という企画者側の視点だけでなく，「ALS 患者参加型企画そのものの意義の変容の過程」という視点から，新たな EFP を加える必要が生じた。サトウ（2015b）は「等至点とは研究者の最初の目の付け所にすぎない」としたうえで，分析が進んだ段階において，当事者にとっての EFP を再設定する必要を述べている。これを援用し，本研究においては，「企画そのものの意義」という観点から，第二等至点（Second EFP）として「登壇者・オーディエンスが難病を自分に関わるものとして認識する」，両極化した第二等至点（Second Polarized P-EFP）として「患者のライフが他人事のままになる」を設定するとともに，直交する時間軸として「企画の広がりと深化における非可逆的時間」を設定した。

また，ALS 患者参加型企画は，同一の形式で実施されたとは言え，個々の「企画テーマ」はそれぞれ異なるものが設定されていた。これらの企画テーマは，企画を重ねるごとに，以前の企画を踏まえて，変容をしながら設定されたもの

であった。このため，TEM 図においても，「テーマの変遷」として重点的に書き出すものとした。

こうして作成された TEM 図をもとに，ALS 患者参加型企画の維持と変容のプロセスについて検討した。

第3節　結果と考察

分析により，図 8-1 の TEM 図が作成された。SD および SG については表 8-3 に示した。以下，説明のため便宜的な区切りをつけたうえで内容を詳述する。

1．OPP「ALS 患者橋本との出会い」から「企画テーマの案を立てる」まで

ALS 患者参加型企画の発端は，「ALS 患者橋本との出会い」であった。ALS 患者である橋本みさおは，人工呼吸器を装着している全身性障害者であるが，自立した独居生活を実現している人物である（橋本・川口，2015）。初回企画時の企画者の一員であったサトウ（2007b）は，橋本について，「自分中心の生活をしている。病気を治したいという気持ちもあるけれど，治らない自分自身の生活を楽しんでいる」という稀有な視点を持っている人物であると述べたうえで，尾見・川野（1994）を引き，ALS 患者本人がいかに「生きているか」（生活しているか）の記述を追究し，伝えていく「生活心理学」の確立の必要性を述べている。ALS 患者橋本との出会いは「結果的に」ALS 患者参加型企画の発端となったものであることから，必須通過点（結果的必須通過点）として定めるものとした。

ALS 患者がどのように生きているかを記述し，伝えるうえでは，実際に ALS 患者本人が登壇をする企画を立てる必要があると考えられた。そのため，企画の方針を「患者が登壇する方針にする」ことが企画全体の方向性として定められた。一方で，ALS 患者本人が登壇する学会企画は他に類を見ないものであり，企画テーマの設定そのものに苦慮した背景があった。このように，「企画テーマの案を立てる」（「案を立てられない」）は，企画の実現に関わる重要な

第8章 研究4：病者アドボカシー企画の運営と意義の変容過程

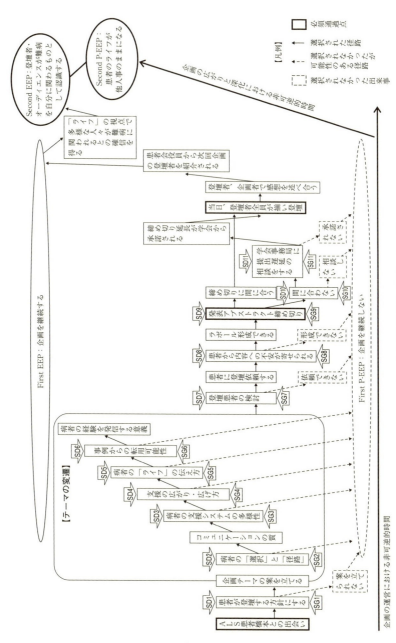

図8-1 ALS患者参加型企画の過程のTEM図

表 8-3　本研究における SD と SG

SD1	親密圏で登壇者を揃えたいという簡略化への欲求	
SG1	「生活」をテーマとした柔軟な登壇者の編成	
SD2	会の意義を見出せないなかでの企画	
SG2	一学会三年連続で認知されるとの方針	
SD3	当初方針の達成による目標の不明瞭化	
SG3	実践的支援をテーマとした企画の発展可能性	
SD4	同一の患者・患者家族の登壇の難しさ	
SG4	企画の継続による登壇者の広がり	
SD5	一般化したいという欲求	
SG5	事例に注目することの意義を他者から認められる	
SD6	企画者の移動による環境変化の影響	
SG6	病いとともにあるライフを伝えるという研究の可能性	
SD7	唐突に患者会支部に企画を紹介し登壇依頼をすることへの抵抗	
SG7	患者会役員という人的ネットワークの媒介	
SD8	心理学の学会であるという格式	
SG8	非専門家としての視点を活かすことの面白さをファシリテーションする	
SD9	患者にとっての 400 字の重み	
SG9	企画者としては待つしかないという状況	
SD10	締め切りを守れないという負い目を感じる状況	
SG10	事情を説明することで理解を求めたいという企画への思い	
SD11	ルールを逸脱しているために不公正であるという状況	
SG11	学会としても重要な企画との認識	

岐路であることから，これを分岐点とした。さらに，分岐点に作用している力として，SD1「親密圏で登壇者を揃えたいという簡略化への欲求」，SG1「『生活』をテーマとした柔軟な登壇者の編成」を設定した。

　SD1 については，テーマよりも先に登壇者を決めてしまいたいという企画者側の意図，および企画運営上の利点を示している。このため，当初は ALS 患者である橋本や，その介護者，患者役員など，繋がりのある範囲での登壇を呼びかけることが試みられていた。しかしながら，言わば「親密圏」に限った登壇者では，「単なる同窓会や回顧と展望」（企画者間の打ち合わせメールより）に留まってしまうとの懸念が企画者間のやりとりで示された。むしろテーマの

設定を優先することにより，多様な研究者やALS患者らが参画できる素地を形成していくことが，継続的な企画の実施において重要と考えられた。SG1における「生活」は（心理学に限らない）様々な領域の研究者，さらには患者をも，同一の場に登壇させるうえでの共通点として位置づけられるとともに，企画の継続的な実施に至るための径路を支える力としてみることができよう。

2．「企画テーマの案を立てる」：テーマの変遷

　7回のALS患者参加型企画を通じ，テーマは変遷した。会のテーマの設定は，学会大会として設定されたテーマに準じながら，その都度行われたが，回数を重ねるごとにテーマの深化や，社会情勢の変化などを背景としながら変遷したものであった。こうした社会的な力を明示するために，それぞれのテーマの設定時に分岐点およびSD・SGを配置し，テーマを確定させるに至ったプロセスを描く必要があると考えられた。

　初回企画においては，「病者の『選択』と『径路』」が主たるテーマとして設定された。初回企画のみの単発の企画として終わる可能性もあったが，ここから第二回目の企画（「コミュニケーションの質」）へと連続的な企画の実施に至るうえでは，特に初回企画時点での，「繰り返す」ことの必要性が企画者間で共有されていたことが重要であった。第二回目企画の検討時には，「一学会三年連続でやるくらいでやっと認知されるのではないか」（企画者間の打ち合わせメールより主旨を抜粋）とする方針が，示されており，これをSG2「一学会三年連続で認知されるとの方針」として設定した。一方で，ALS患者の生活を伝えるという他に類を見ない企画を実施するうえでは先行きの不透明感が常に企画者のなかにあった。この点から，SD2として「会の意義を見いだせないなかでの企画」を設定した。

　第三回企画「病者の支援システムの多様性」に至るまでには，SG2「一学会三年連続で認知されるとの方針」によって継続的な企画に至るための力が働いていたとみることができるが，第四回企画「支援の広がり・広げ方」を実施するうえでは，当初の方針であった「三年連続」を越えて実施するための新たな方針の有無によって，企画の継続性が左右される状態となった。このため第四回企画に至るうえでの分岐点を設定した。また，SD3として，「当初方針の達

成による目標の不明瞭化」を設定した。一方で，第四回目企画の背景となるのは，ALS患者参加型企画以外の，ALS患者との協同での実践の広がりである。学習の一形態である「サービス・ラーニング」の視点から，企画者の所属していた研究機関と外部研究機関による共同研究体制が形成されており（e.g., 市山・田坂・日高・水月・大野, 2009)，異領域の研究者へも登壇を呼びかける体制が整うとともに，より実践的な「支援」の観点から企画を展開できるとの可能性がひらかれた。そのため，SG3として「実践的支援をテーマとした企画の発展可能性」を設定した。

　第五回企画「病者の『ライフ』の伝え方」においては，これまでのALS患者参加型企画を通じ，様々な専門性を持つ領域の研究者や，様々な背景を持つALS患者が参加してきたことを踏まえた企画案を立てる必要に迫られた。当初，ALS患者参加型企画を立てる発端として病者の「生活」が重要なSG1として見出されたが，こうした病者の「生活」をどのように伝えればよいのかという点を追求する余地が存在していることが企画者間で認識された。この際，第三回企画と第五回企画が両者とも茨城県にて開催されたことが重要である。第三回企画において登壇を依頼した患者・患者家族に対して，第五回企画においても再度登壇を依頼することを試みた。患者・患者家族にとって自らの体験を公衆に語るという意義がどのようなものであるのかを，報告の内容としてもらう狙いであった。このように第五回企画においては，これまでに実施してきたALS患者参加型企画の中で形成された人的ネットワークを活用することで，企画テーマを設定することが可能となった。そのため，SG4として「企画の継続による登壇者の広がり」を設定した。一方で，第三回企画において登壇した患者・患者家族は多忙であるとのことから，実際の企画においては登壇が実現できず，他の患者を再度検討するに至った。このため，SD4として「同一の患者・患者家族の登壇の難しさ」を設定した。

　第六回企画「事例からの転用可能性」においては，ALS患者参加型企画を継続的に実施するなかで，「事例」に注目することの意義について企画者に迷いが生じた。多数の研究参加者を備えた調査によって，より一般性を持った知見を提出することが研究としての望ましい形ではないかとする視点が，強く意識されたものであった。しかし，ALS患者が実際にどのように生きているのかと

いう「生（ライフ）」に注目する企画としては，「事例」に注目することから離れることは難しい。このため，企画者は研究知見の提出の仕方という点で板挟みになるような感覚を覚えていた。このため，SD5 として「一般化したいという欲求」を配置した。他方，「事例」に注目すること自体の面白さが，登壇者によって語られ，それが事例に注目する企画の継続に大きな役割を果たしているという面があった。これは第五回企画の際に登壇した研究者から大きな示唆を得たことがもとになっている。臨床心理学を専門とする研究者である児島は，「こういう病気になられた患者さんはこうなるんだとか，ご家族はこうなるんだというあるパターンをつける」ことが専門的支援者の教育にしばしばみられる枠であると指摘したうえで，その枠から外れ，事例に向き合うことの重要さを実感したと述べている（児島，2011）。事例に立ち返ることの意義と面白さが，登壇者の側から指摘されたことは，ALS 患者参加型企画において患者の生（ライフ）を伝えることの重要性を再確認させるとともに，企画者に企画に対する自信を持たせる働きを持っていたと考えられる。そのため，SG5 として「事例に注目することの意義を他者から認められる」を設定した。

　第七回企画「病者の経験を発信する意義」においては，学会という場においてALS 患者参加型企画を実施することの意義がテーマとなった。第七回企画においては企画者（筆者）の移動があり，企画の際の準備や，打ち合わせなどについて苦慮する状況が多く見られた。そのためSD6 として「企画者の移動による環境変化の影響」を設定した。一方で，「病者の経験を発信する意義」という点については，第五回企画の際から引き続いての課題でもあった。臨床心理士であり自らも難病を患う赤阪（2011）は，第五回企画にオーディエンスとして臨んだ経験を踏まえ，「「研究者」「当事者」という枠を超え，シンプルに「ひととひととの関わり合い」がそこに粛然と存在している」とする印象を持ったとし，研究者には「（病いとともに生きることの実際を）知らせる役割」があること，さらに「研究者と病者が『共同発信者』という新しい関係性を構築できる」とする可能性を提示している。この指摘は，ALS 患者参加型企画の実施において，ALS 患者の生（ライフ）を伝えるのはもちろんのこと，その他の重篤な病いとともに生きる病者の姿を伝えるという企画の発展性をも示唆するものとして企画を支えるものとなった。この点において，SG6 として，「病

いとともにあるライフを伝えるという研究の可能性」を設定することが適切と考えられた。

3．「登壇患者の検討」からOPP「当日，登壇者全員が揃い登壇」まで

　企画テーマの案を立てた後には，「登壇患者の検討」が必要となる。患者への登壇依頼ができるかどうかは，ALS患者参加型企画の根幹に関わる箇所であり，その可否がそのまま企画の継続性を左右すると考えられた。このため，「患者に登壇依頼する」（「依頼できない」）を分岐点とした。

　ALS患者参加型企画においては，学会の開催される都道府県の患者会に，登壇患者・患者家族の紹介を依頼することで，登壇者を確保する方針であった。このため企画者から直接的に，各地の患者会支部に登壇者の紹介・手配を依頼することが考えられた。しかし，唐突に患者会支部に依頼をしても断られる可能性が高く，企画としては困難を伴った。このため，SD7として「唐突に患者会支部に企画を紹介し登壇依頼をすることへの抵抗」を設定した。他方，実際の患者への登壇依頼は，ALS患者会役員である川口有美子氏への相談を，常に経て実施された背景がある。川口は患者会役員であると同時に，企画者（筆者）の所属研究機関の大学院生としての立場も持っていた。このため，ALS患者参加型企画に限らず，ALS患者との共同研究を実施するにあたり，アドバイザー的な役割を担っていた人物であった（e.g., 松原・水月・日高・サトウ，2007）。患者会役員としての立場を持つ川口を経由することにより，はじめて，患者への登壇依頼が可能となった。このため，SG7「患者会役員という人的ネットワークの媒介」を設定した。

　患者に登壇依頼をした後に，毎回生じたのは，「患者から内容への不安が寄せられる」という出来事であった。「（心理学の）学会に登壇し，語る」ということ自体が，研究においては非専門家であるALS患者や患者家族にとっては負担であり，登壇することに抵抗や不安を感じたり，発表内容に自信が持てないとする相談が患者から企画者に寄せられた。一例として，「私が伝えたいことと，皆さんが聞きたいことが違うことに悩んでいる」（企画者と患者との打ち合わせメールより主旨を抜粋）といった声が上がった。患者とのラポール形成の可否がそのまま登壇の可否，ひいてはALS患者参加型企画の可否にまで

繋がるという点で,「ラポール形成できる」(「形成できない」) という分岐点を設定することが適切と考えられた。また, 対応する SD8 として「心理学の学会であるという格式」を設定した。一方, こうした登壇患者の不安に対しては, 企画者がその都度, 質問に応答する形で徐々にラポールを形成していった。一例として,「病いの実体験を伝えることと, 心理学の研究として経験を伝えることは同じと考えてよいのでしょうか」(登壇予定患者からの質問, 打ち合わせメールより主旨を抜粋) とした質問に対して, 決して直接的に否定するのではなく,「単に『病い』を『個人の問題』とせず, コミュニケーションや人々の関係性といった観点から捉えることで, 支援の輪を広げることに繋がるのではないでしょうか」(企画者の返答, 打ち合わせメールより主旨を抜粋) とした返答を行ってきた。こうした企画者の振る舞いは, 非専門家が持つ専門家 (専門性) への疑問を媒介するファシリテーター (日高・水月・サトウ, 2014) の機能の一つである,「発展的修正」(非専門家の疑問を直接的に否定するのではなく, 対話を発展させる形で, 事実誤認などの修正を促し, 非専門家の発言を位置づけ直す) の構造に準じたものであった。企画者のファシリテーターとしての振る舞いが, ラポール形成に至る重要な力であると考えられたことから, SG8 として「非専門家としての視点を活かすことの面白さをファシリテーションする」を設定した。

OPP「発表アブストラクト締め切り」は, 学会企画として ALS 患者参加型企画を実施するうえで不可避の制度的必須通過点として設定された。発表アブストラクトは 400 字程度の発表要旨を提出するものであったが, 登壇する ALS 患者は文章の執筆の経験がある者は少なく, かつ, 病いの進行状態によっては執筆そのものに多大な時間と苦労を要するものであった。企画を実施するうえでアブストラクトの提出は必須であったことから, 分岐点として「締め切りに間に合う」(「間に合わない」) を設定した。また, SD9 として「患者にとっての 400 字の重み」, SG9 として「企画者としては待つしかないという状況」を設定した。提出については, 規定の締め切りに間に合った場合と間に合わなかった場合の双方が存在したが, 後者の事態がより頻発した。このため, SD がより優勢な状況であると考えられた。

アブストラクトの提出遅延が生じる見込みが生じた際には, 企画者が「学会

事務局に提出遅延の相談をする」(「相談しない」)という分岐が考えられた。本来，規定の締め切りに間に合わない事態は避けるべきことであり，遅延を申し出ても認められない可能性が高い。つまり，締め切り遅延の申し出そのものが「(規定の手続きからの)逸脱」として受け取られるなかで，相談を実現することが求められた。対応するSD10として「締め切りを守れないという負い目を感じる状況」，SG10として「事情を説明することで理解を求めたいという企画への思い」を設定した。学会事務局への相談は，企画者にとって大きな負担を強いるものであり，断られる懸念を抱えながら実行された。「ALSの特殊事情を説明すること」「交渉しなければ始まらない」「価値のある企画だと認めてもらえている，継続していることを途絶えさせたくない」(以上，会議録より主旨を抜粋)といった思いが企画者において存在したことが記録されている。これらの逡巡を経て，「遅延の必要性を認められるだけの価値ある企画ならば，相談に応じてもらえるはず」との見込みを得るに至り，相談をすることが可能となった。

　さらに実際にアブストラクト提出遅延が認められるか否かも分岐点として設定された。すなわち「締め切り延長が学会から承諾される」(「承諾されない」)の分岐である。対応するSD11として「ルールを逸脱しているために不公正であるという状況」，SG11として「学会としても重要な企画との認識」を設定した。本来であれば棄却されても仕方のない申し出であるが，すべてのALS患者参加型を通じて，遅延が認められた。これは，ALS患者参加型企画そのものが学会事務局によって認知されていたことが強く影響していた。学会事務局に相談した際に，「この学会としても重要な活動だと認識している」「延長はやぶさかではない」(以上学会事務局の返答，問い合わせメールから主旨を抜粋)とした返答が得られたことが，その証左である。企画を継続的に実施することで，「遅延を認めたとしても(適切な二次締め切り以内に)アブストラクトが提出される」との見込みが，実績として形成されてきたことを示してもいると考えられる。

　このような手続きを踏み，OPP「当日，登壇者全員が揃い登壇」という状況を迎えることとなった。ALS患者参加型企画においては，患者，患者家族，研究者らが一堂に会することが必須の出来事であると考えられることから，これ

を OPP として設定している。

4.「登壇者，企画者で感想を述べ合う」から「Second EFP：登壇者・オーディエンスが難病を自分に関わるものとして認識する」まで

　ALS 患者参加型企画の終了後には，登壇者・企画者間でお礼を交えた感想を述べ合うことが行われた。患者からは「話すことで自信に繋がった」（感想のメールより主旨を抜粋），登壇した研究者からは「専門とは異なる学会だったが，また登壇してみたい」（感想のメールより主旨を抜粋）といった感想が寄せられた。また，登壇した患者や患者家族，患者役員から，「次回企画もあるのなら，登壇者を紹介したい」といった申し出を受けることもあった。企画を実施することで，さらに次回企画を実施するための人的ネットワークが広がっていったことが見て取れる。

　これらは「First EFP：企画を継続する」へと至る径路として描き出された。一方で，First EFP はあくまで「企画運営（者）」の立場から設定されたものであり，ALS 患者参加型企画のテーマの変遷や，企画そのものの意義の変容を描き出すうえでは，再度，等至点を設定する必要があると考えられた。企画を継続するなかで，「『ライフ』の視点で多様な人々が難病に関われる」との視点を得たことを経て，Second EFP として「登壇者・オーディエンスが難病を自分に関わるものとして認識する」，Second P-EFP として「患者のライフが他人事のままになる」を設定することが適切であると考えられた。また，直交する時間（縦軸）として「企画の広がりと深化における非可逆的時間」を置いた。

　赤阪（2011）は病いを患う当事者が自らの病いの経験を語ることによって，オーディエンスに，「自分への置き換え」（自分の立場に置き換えたうえで，病いについて考えるようになる）を中心とした障害観の変容が生じることを示唆している。ALS 参加型企画においても，登壇者した研究者から，「当事者の生活世界をわかる，わかり合うところから，次のステップにどう踏み出すのかをさらに追究したいとの思いを強くした」「研究者と研究協力者による共同研究の第一線を経験できた」「心理学を専門としているわけではないので敷居が高かったが，研究はとても興味深いものばかりなので，自分の今後の研究をしていくうえでも，有意義な一日となった」（以上感想のメールより抜粋）などの見

解が示されており，自らの研究者としての立場に「難病」が深く関わるものであり，どのような研究が今後展開できるかといった点を再考する機会となったということが示唆されている．

難病を自分に関わるものとして認識するという変容が生じたことを示唆するデータは，オーディエンスからも示されている．企画の終了後，企画者に対して，面識のないオーディエンスから，「自分がALSになったら，どうすればよいのか」「周りのALS患者にはどのように接したら良いのか」「知人が多発性硬化症に罹患しているが，ALSとの接点も感じられて，勉強になった」（以上フィールドノートより主旨を抜粋）とする疑問や感想が寄せられたことがあった．これらは実際にALS患者参加型企画に（オーディエンスとして）参加し，ALS患者の語りを傾聴したことから生じたであろう認識の変容であると推察される．

第4節　総合考察

本研究は，病者アドボカシーの取り組みを継続的に実施するための指針となる知見を得ることを目的とし，ALS患者参加型企画の企画運営のプロセス，および企画テーマと意義の変容のプロセスを，時間を捨象せずに記述したものである．特に，研究者のみならず，患者，患者家族，患者会役員，学会事務局など様々な人々が関わりながら維持・変容してきた企画であったことから，SDおよびSGを多用することで，社会的な諸力の記述をなるべく詳細に実施することを試みた．

企画運営の観点から見ると，アドボカシー企画を継続的に実施するうえでは以下の4点が重要であると考えられる．第1に，企画の初期の時点で数年間続ける見通しをつけておくことである．ALS患者参加型企画においては，3年間という方針が存在したことにより，継続的な企画実施の足がかりとなった．第2に，患者会（および患者会役員）との人的ネットワークを十全に保つことである．登壇患者の手配や相談事については，研究者だけで思案するには限界があり，患者会などの当事者団体の助力を得ることが重要であると考えられる．第3に登壇患者とのラポール形成においては，企画者がファシリテーターとし

て振る舞うことである。ALS 患者参加型企画において主たるオーディエンスは研究者であったが，広く一般市民を対象とした企画においても同様であると考えられる。発表内容についての不安や疑問などを事前に共有し，発展的な内容となるようにラポール形成を行っていくことが重要である。第4に企画を継続的に実施することで，より継続しやすくなるという点である。ALS 患者参加型企画においては規定のアブストラクト締め切りに間に合わない事態が頻発するなどの困難がみられたが，継続的に実施していることが学会事務局側への信頼に結びついており，柔軟な準備期間を取ることに繋がったと考えられる。

　企画の意義の観点では，企画テーマが会ごとに変遷していることが，より多角的な視点で ALS 患者の生（ライフ）を研究および支援することに繋がっていると考えられる。初回企画においては，「病者の『選択』と『径路』」と示されるように病者個人に焦点が当たっていたが，企画を重ねるごとに，実践的支援の視点や，病者の経験を発信する意義など多様な論点を扱うように変遷した。一般的なアドボカシー企画においては，病者がどのように生きているのかを伝えることは当然の前提であるとも言えるが，ALS 患者参加型企画においては，学会という場を用いたことで，研究者が自らの研究課題に組み込む可能性が生じたという新たな視点を提示することができた。

　本研究においては等至点の設定を二度にわたり実施することにより，企画の意義の変容（企画の深化）を描き出すことを試みた。企画運営においては毎年定形の作業が中心となっていたが，企画を繰り返すうちに生じた企画そのものの深まりは，第二等至点「登壇者・オーディエンスが難病を自分に関わるものとして認識する」および直交する時間軸である「企画の広がりと深化における非可逆的時間」を設定することで初めて明示可能となったものである。このような，「（研究者が）病いや障害を患う本人に近づく」という視点は，「当事者（当事者性）」という言葉によって既に数多くの議論がなされている。特に実践的な研究を志向する実践心理学においては，フィールドに対して責任を持つ当事者になること（鹿毛，2002）が主張されている。本研究の成果は，病者の語りに触れたオーディエンスが当事者性を帯びていく可能性を示していると言えるかもしれない。しかし，オーディエンスが，企画の後も継続的に ALS や難病との関わりを持ち続けるか否かは，今回の研究では判然としない。研究者の

持つ．研究対象者やフィールドとの関与は時間とともに低下していくが故に，対象者に近づくことで研究者が当事者性を確保できると考えるのは幻想（樋口，2010）とする指摘もある。したがって，オーディエンスの実際の行動の変容を記述するような研究が今後求められると考えられる。

第9章

総合考察

第1節　在宅療養の実態とコミュニケーションの記号的意味（研究1について）

　研究1においては，ALS患者宅への約2年半にわたるフィールドワークの知見をマイクロ・エスノグラフィとして描出した。ALS患者である和中の在宅療養の現場においては，「他律の回避」という記号が通底しており，それが和中本人だけでなく，患者家族や介護者にとって快適と感じられるような日常を構成するために働いていた。また，コミュニケーション支援の重要な担い手として，技術ピアサポータ久住が存在していた。

　当事者にとってのコミュニケーションの意味という観点から，さらに考察を加えたい。和中にとってのコミュニケーションは，機能が残存していた頬の筋肉を動かし，久住によって作成された入力スイッチを利用することで達成されていた。この点だけをみれば音声言語を使用しない，コミュニケーション障害者の一事例であるに過ぎないかもしれない。しかし文化心理学における記号という視点を導入することで，当事者にとっての意味に，より深く迫ることができる。

　研究1においては，久住が，あえて負荷のかかる入力スイッチを提供することで，和中が自分の身体に対する自信を持つことができる，とする発言をしていることを取り上げた（第5章 研究1におけるデータ5-16，データ5-17参照）。この場面における「自分の身体に対する自信を持つ」ことは，記号として捉えることができる。すると，和中という主体があり，「自分の身体に対する自信を持つ」という記号があり，そうして初めてスイッチがコミュニケーションの手段として立ち現われてくるという構図になる（図9-1）。コミュニケー

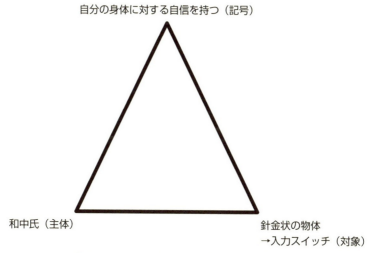

図9-1　コミュニケーション支援における記号的媒介

ション支援のための入力スイッチは，それ自体では，ただの「針金で構成された棒状の物体」であるに過ぎないかもしれない。しかし，久住が「自分の身体に対する自信を持つ」という記号を配置することで，「コミュニケーションのためのもの」として，和中にとっての意味が付与される。久住のコミュニケーション支援とは，入力スイッチを入力スイッチたらしめるための記号の配置として特徴づけることが可能となる。「物を事に変えるのが記号の働き」（サトウ，2015d）であるとする文化心理学の視点に立って再整理すれば，「針金で構成された棒状の物体」という物が，「コミュニケーション」するという事に変わるためには，「自分の身体に対する自信を持つ」という記号が必要であったということになる。そうして初めて，針金様の物体が「入力スイッチ」となると考えられる。

　適切な記号を配置する，という観点でコミュニケーション支援を再考することも可能であるかもしれない。前述のとおり，コミュニケーション障害者への支援においては，患者一人ひとりの身体機能の違いや生活の違いを理解したうえでの支援が求められる。ALS患者の身体感覚の理解は難しい課題である。だが，記号の働きという点でみれば，「どのような記号を配置すれば，支援機器

を(支援機器として)用いてもらえるのか」という観点での検討が可能となる。従来のAAC研究およびAT機器において工学的に検討されてきた，コミュニケーションの速度や正確性などの機能面ではなく，記号面を文化心理学的に追究するAAC研究という試みがあり得るのではないかと考える。

第2節　ALS患者の沈黙に対するとき（研究2について）

　研究2においては，インターネットのメッセンジャーソフトを利用した際に，ALS患者がリアルタイムコミュニケーションが可能となるかどうかについて検討した。ALS患者がメッセンジャーソフトを利用した場合の情報の豊富さが明らかとなった一方で，実際場面での会話においては，ALS患者が語りを完遂するまでの「沈黙」に周囲の者が耐え切れないという事態が生じることが示された。

　人（人々）の「沈黙」は心理学に追求されてきたテーマの一つである。Bruneau (1973) は，時間の知覚の点から沈黙に3種の区別をつけている。すなわち，心理的沈黙（非常に短い沈黙であり，主に会話内容への嫌悪感を主張したり，自らの主張を強めるために会話を遅くするもの），相互作用的沈黙（会話の順番取りや，役割を演じる際のもの），社会文化的沈黙（社会的・文化的な習慣としてのもの）である。また，Kurzon (2007) は，Bruneau (1973) を踏まえたうえで，沈黙という現象に関わる人数を考慮するという視点から，沈黙を4つに分類している。すなわち，会話的沈黙（2名で構成される話し手・受け手の関係において生じる沈黙），テーマ的沈黙（内容について関わりがないときに生じる沈黙），テキスト的沈黙（書籍など何らかのテキストを読んでいる際の沈黙），状況的沈黙（集団として沈黙しているが，何かを読んでいるわけではない）である。

　ALS患者における，語りを完遂するまでの「沈黙」はどのように位置づけることが可能だろうか。Breneau (1973) や，Kurzon (2007) においては，発話に障害を持たないものが沈黙するという状況に焦点が当たっていた。これに対し，研究2における事例（研究2　データ6-7）は，ALS患者という発話困難性を持つ者をめぐる沈黙であるという点で，先行研究に類を見ない事態が生

じている。

　ALS患者の沈黙に対して，周囲の者が「待てない」という事態は，患者のリアルタイムコミュニケーション可能性を検討するうえで重大な課題である。これは単に，ALS患者の言いたいことを先読みすれば済むという問題ではない。コミュニケーション障害者にとって，先読みをされることは大きなストレスであることが示されている（滝澤, 1998）。語りを自らの力で（必要に応じてコミュニケーションエイドを利用したり，家族や介護者の助力を得ながら）完遂することは，ALS患者にとって重要な意味を持っていることが示唆されている。

　文化心理学に基づくと，沈黙のまま「待つ」ための記号の配置の必要性を指摘できるかもしれない。研究2における事例では，会の時間に限りがあり，かつ，他の参加者にも意見を聞く流れのなかで，患者である堀田に発言権が与えられていた。その結果，介護者である堀田の妻が，言わば他の参加者への気遣いをする形で沈黙が破られたというのが一連の出来事であった。堀田の妻の立場においては，「なるべく早く返答する（堀田の話したい内容を確認し周囲に伝える）」ことが記号として働いていたと考えられる。その後，司会であった松原が待つことを肯定する発言を行うが，この発言が，堀田に話題を振る以前に配置されていれば，待つことを肯定するという会の主旨が事前に明白となり，堀田の妻において「時間をかけてもよい」との記号として機能した可能性がある。詳細な検討は本研究においては困難であるが，沈黙を記号に媒介された行動として捉える文化心理学の見地に立つことで，沈黙研究にも新たな視点を導入できるかもしれない。

第3節　身体を持ち寄って交流すること（研究3，研究4について）

　研究3においては対話におけるファシリテーション機能の実際を検討し，これを踏まえ，研究4においてはALS患者参加型企画の運営・維持のプロセスそのものを文化心理学の観点から，TEMを用いて分析することを通じ，難病者が自らの経験を語る場の構築の実践を，研究として成立させることを試みた。

病者が語る場を構築すること自体が，支援に繋がることは前に述べたとおりであるが，こうした広義の「助ける」という行動がなぜ維持しうるかについての根本的な解は未だに示されていない（八木，2007）。八木（2007）を踏まえ，望月（2010）は対人援助学の観点から，職業的な対人援助者という存在を認め，それに社会が援助を付託するという形で展開することが，現時点での実行可能な姿であるとしている。また，自らの作業に対して再帰的（反省的）な仕組みの中で仕事をする必要があるとも述べている。

　一方で，研究4において示した，病者の語る場の構築は，研究者によって実践されたものであり，それ自体に対して対価が存在するような職業性を持っているわけではない。それでもなお，7年間にわたり継続的にこうした実践が続いたことは特筆に値するものと考える。ALS患者参加型企画において，研究者は研究者としての立場だけでなく，会を企画する実践者として，さらには時にはファシリテーターとして振る舞うことを示した。また，会を継続していくうちに，研究とは分かたれたものとしての実践ではなく，実践をもとに研究として成果を提示していくということも並行して行うようになった。研究者であるという立場に基づきながらも，複数の立場を担いながら，自らの自己が広がっていくかのようなプロセスがそこに存在していたと考えられる。

　病者アドボカシー企画を継続的に運営していくうえでは，このような，研究者自身の変容についても分析をする余地があるかもしれない。日高（2015）は実践の中で研究者自身について言及することについて，「実践に深く関与するとき，研究者と研究対象者の関係もより深くなる。TEMに基づくエスノグラフィは，研究者と研究対象者の関わりあいと変容の過程を描くこともできる」と主張している。こうした研究者自身の変容の過程もまた，文化心理学の観点から，研究の課題として位置づけられるかもしれない。

第4節　研究過程の提示と研究協力者の実名使用の意義

1．研究過程の提示という研究倫理実践研究の可能性―「実名の使用」の経験から

　本研究において，研究協力者である患者や家族は，「実名」で登場している。

これらの「実名の使用」は，研究者の側が強いたものではなく，ALS 患者自身の希望に沿ってなされた。例として，研究 1 においては，ALS 患者である和中氏や久住氏の，「抽象化あるいは匿名化された『誰か』ではなく，実存している，個人として生きている様を伝える」という強い意向が存在しており，それに応じることで，実名の使用に至っている[1]。これは「疾病」を対象とする医学研究ではなく，あくまで「人間に病いが付随している」との観点から検討を行う人文社会科学的な立場に立つときに，不可避の課題でもあった。

　実名を用いて，病いや障害とともに生きることの意味や困難さを社会に向けて伝えることは，研究の読み手にリアリティをもたらすとともに，病者の存在をより身近に感じさせることで，病いや障害の実情を人々に知らしめ，より広く支援の輪を広げるという意義も持つ[2]。他方，発達心理学会が 2000 年に提

---

[1] ALS は発症とともに身体の随意筋の運動機能を不可逆的に喪失し，やがては人工呼吸器の装着，音声言語の喪失に繋がる難病である。ALS 患者や患者家族の経験は，「ALS 患者一般」へと安易に抽象化できるものではない。

[2] こうした活動は「患者の権利擁護活動」（患者アドボカシー）とも呼ばれ，ALS だけでなく，精神疾患，ハンセン病，エイズ感染者など様々な困難とともに生きる人々が，実名での発信を行ってきた歴史を持っている。実名での発信の宛先としては，広く「社会」が設定されることも多いが，同病者を主たる宛先とする場合もある。たとえば，ALS 患者による実名の発信は，他の ALS 患者にとって，「自分以外にも，実際に ALS とともに生きている人がいる」というリアリティに触れる機会であり，ALS 患者における互助を促進するうえでも重要であるとされる。専門的な対人支援者が実名を用いた研究・実践に触れることの意義も議論されている。児島（2011）は，専門的支援者が，しばしば，「こういう病気になられた患者さんはこうなるんだとか，ご家族はこうなるんだという，あるパターンをつけて，そこに焦点化し，理屈を考えて，支援に向けてのある目標を設定する」（児島，2011, p.37）という枠にとらわれがちであると指摘する。また，実名の使用（を伴う研究に触れること）について，「（固有の）他でもないこの人」というリアリティに向き合った支援へと立ち戻る機会となる，という臨床的・実践的な意義を示唆している。一方で，研究協力者が実名公表を望んだとしても，それにより生じうる不利益から研究協力者を守る役割を，研究者が担っているという点も見過ごしてはならない。研究協力者が積極的に実名公表を望む事態が生じうる（e.g., Vernon, 1997）なかで，研究者は実名公表の利点・欠点（リスク）を研究協力者に説明することが必要になりうる。その際，実名を使用した論文が掲載された学術誌が発行・頒布された場合にはすべてを回収することは不可能であること，ならびに，「将来的に」不利益がもたらされる可能性があることなどについて，研究者・研究協力者間において了解が得られていることは必須となるだろう。

唱した研究者倫理原則の一つには、「(研究)協力者への恩恵に配慮すること」が挙げられている。本研究における「実名使用」は、ALS 患者自らの希望に沿うものであったが、「(研究)協力者への恩恵」という点においても、倫理的に適切な選択であると考えられたからこその決断であった。

一方で、「実名の使用」は研究者にとって、大きな緊張（あるいは覚悟）を伴う。臨床心理学者である児島 (2011) は、「インフォーマント自身が実名を出して欲しいという希望を出した場合でも、どうしても研究者が慎重になり、結局は実名は出さないということで研究者側がインフォーマントにお願いした」というエピソードを挙げ、実名の使用が一般的ではないことを示唆している。本研究においても、「実名の使用」はたやすい判断ではなかった。学会発表や学内外での研究会における発表などの場において、「なぜ敢えて実名にしなければならないのか」という質問が寄せられ、説明を要求された経験もある[3]。

本研究において、研究協力者の実名を使用するという決定がなされるまでに、どのような過程があったのか。従来このような情報は、研究論文においては「方法」の項目において簡潔に言及されることが常であった。しかし「研究倫理実践研究」（樫田、2014a；2014b）という視点で見ると、「研究過程」を描くことが、研究として成立する可能性が生じる。

そこで本項においては、「研究過程」を描くうえで何が問題となり、その問題に対してどのような解決を図ることが可能なのかについて考察する。これにより、樫田 (2014a；2014b) の言う、「研究倫理にかかわる歴史、アクター、制度、利害などを総合的に研究する『研究倫理実践研究』」の一つの形として、「(研究倫理にかかわる) 研究過程を描く」あり方の実現可能性について論じる。

---

3) 患者本人が実名の使用を希望した場合であっても、実名使用の狙いや目的について本人に確認することは必須であった。また、全国の ALS 患者の状況や実名公表のリスクについての事情を熟知する患者会の役員に意見を仰ぎ、ALS 患者における実名公表の意義および公表すべきでない場合の対応について理解を深めた。さらに、他研究者への説明も課題となった。このように本研究の研究と実践における「実名の使用」は、患者本人が希望したからといって自動的に達成されるものではなく、場合によっては匿名の使用を提案することも選択肢に入れながら行われてきたものであった。このような過程を詳細に描くことが研究として成立しうるのではないか、という点が本項における主張であるが、その内容にまで踏み込むことは主旨ではないため注記に留める。

2．研究者が自分のことを書くという難しさ─その解消に向けて

　研究における研究者と研究協力者との関わりを，「過程」として，しかもそこに研究者自身の変容を組み込んで描くことは困難な課題である。その理由は以下2点であると考えられる。第1に，研究者が研究協力者ではなく自分のことを記述することが，ともすれば独善的な語りになってしまうことである（北村，2013）。第2に，適切な方法論の選択の難しさである。フィールドノートの記述においては，自分が五感を通して得た情報を文脈や（西川，2010），暫定的な分析からの示唆や自己省察（メリアム，2004/1998）も含んで書き込むことが推奨されている。しかし研究者自身の省察を含めて記述をしたとしても，それを適切な方法で分析，提示する方法がなければ，前述のような独善的な語りに陥ってしまう可能性が高い。

　第1の点については，「方法ありき」ではなく，「テーマありき」の視点に立って，適切な方法を選択することが解決策になると考えられる（山崎，2012）。本研究においては，「患者が，自らの病いの経験を語る場を作ること」そのものが，一連の研究と活動の中にテーマとして組み込まれており，これに基づき研究論文中での「実名の使用」という方法が採られ，また，学会発表の場でのALS患者自身の登壇などが実現された[4]。質的研究においては研究の進展とともに，研究者自身の興味・関心や，焦点を当てる事象の変容が不可避的に生じる（サトウ，2007a）とは言え，「実名の使用」が「倫理的」な選択でありえるということを示すためには，こうした研究のテーマを明瞭にしておく必要があると考えられる。

　第2の点について，研究者が自らの省察的な側面を記述するうえでは，発生の三層モデル（Three Layers Model of Genesis, TLMG）およびTLMGを組み込んだ複線径路・等至性モデル（trajectory equifinality model, TEM）のよう

---

[4] 病者が自らの病いの経験を語るための場を作ること自体を主題とした研究も存在する。たとえば赤阪（2012）および赤阪・サトウ（2015）は，自らも難病を患う当事者としての立場に基づきながら，難病者のピアサポートグループの構築に携わると同時に，その構築過程の分析も行うことを試みている。研究者である赤阪自身が病いを発症した時の衝撃や，サポートグループを構築することを思い至った経緯などの自己開示的な記述は，「場の構築」のための知見を提供するために不可欠な情報として位置づけられている。

な，人々の認識の変容や選択行動を描く方法論を導入することが助けとなるかもしれない。TEMの特徴は時間と社会的・文化的文脈とともにある人の生を描くという点にあるとされるが（安田・サトウ，2012），TEMを用いてデータ収集を行う際には研究者と研究協力者の視点の「融合」がなされるプロセス（トランスビュー，trans-view）があり（サトウ・安田・佐藤・荒川，2011），研究者自身が研究過程における自らの変容に意識的になりえる。これにより，従来は焦点を当てづらかった研究者と研究協力者との関わり方（が変容する過程）を記述することも促進される可能性がある。その際，具体的な分析対象となる研究者自身の経験は，「方法論的ブリコラージュ（手元で使えるものは何でも使いつつ，創造的な工夫をする）」（無藤，2013）の観点から，フィールドノーツのみならず日記，自伝，個人の記録，研究協力者とのメールのやりとりなど，様々なものから取り出されることになるだろう[5]。

本研究においても，研究討論の場で寄せられた「実名の使用」への疑問を和中氏・久住氏にも後日に報告し，実名使用の意義と倫理的な研究のあり方について意見を寄せ合ったことがある。この際の経験について，「研究協力者の実名の使用」を研究者と研究協力者の共通の分岐点として設定し，TEM・TLMGを用いて分析することができるかもしれない。すなわち，研究者が（当初は必ずしもその意義を理解しきれていなかった，研究協力者の実名の使用についての）認識を変容させながら，「研究協力者の実名の使用」に至っていく過程の記述が実現される可能性がある。このように，研究者と研究協力者の間での「倫理的な研究の達成」を，研究過程の記述という方法により，「研究倫理実践研究」として提出することも可能となるのではないだろうか。

　研究者と研究協力者との関わりの変容や，研究者自身の変容は，特に質的研究に携わる研究者であるならば，誰しもが経験することであると考えられる。

5）TLMGは人間の内的変容を（文化心理学における記号の視点から）理解するためのモデル（安田，2015）であり，TEMにおける「分岐点」を「自己」の内的なプロセスの視点から検討することを可能にする（サトウ，2015）。近年ではTEM，TLMGなどを包括的に組み込んだ，複線径路等至性アプローチ（trajectory equifinality approach）が提案されており，人々の選択行動（径路）と内的変容（自己の変容）の双方を捉えることが目指されている（e.g., 安田・滑田・福田・サトウ，2015a；安田・滑田・福田・サトウ，2015b）。

これらの変容の経験を記述する際に、散漫な、あるいは独善的な語りとならないようにするためには、方法論の参照が重要である。また、適切な方法論の選択は研究や活動の「テーマ」に基づいたとき、初めて適切になされると考えられる。「研究過程の記述」を「研究倫理実践研究」として成立させるうえでは、テーマの設定と、方法論の選択・参照が重要となるだろう。

3．終わりに

本項は、本研究において取り組んできた研究と実践における研究協力者の「実名使用」の経験に着想し、「（研究倫理に関わる）研究過程を描く」という方法による「研究倫理実践研究」の成立可能性を論じた。「研究過程」を省察的に描くことは困難な課題であるが、適切なテーマ設定と方法論の選択により解決が可能であり、「研究倫理実践研究」として実現可能であると考えられる。

なお本章は「実名の使用」を例に挙げての考察となったが、研究において「研究倫理」が課題となる場面は、実名の使用に限るものではない。前述のように、発達心理学会による倫理原則においては「（研究）協力者への恩恵に配慮すること」が挙げられているが、質的研究においては一層のこと、常に事後的に、反省的に、「研究が研究協力者に貢献しているか」を問いなおす必要がある。なぜならば、質的研究においては、何をデータとして収集したり分析したりするのかということそのものが研究の進展とともに変容し、したがって事前には、「結果」についての予測を立てることが困難であると考えられるためである。こうした、変容の過程を（研究過程として）描くこともまた、「研究倫理実践研究」として実施可能ではないだろうか。

第5節　総括：実態・実践・情報発信を一体とした支援モデルの提案、および生（ライフ）の厚い記述に向けて

本研究においては「病いの実態の記述的理解」、「ALS患者の一対多リアルタイムコミュニケーションの実践」、「ALS患者の病いの体験を語るための場作り」を一体とした支援モデルを提唱することを通じ、神経難病者のコミュニケーションの可能性を拡大することを目的とし、4つの研究を行った。文化心

理学的アプローチをとりながら，病者の生（ライフ）という観点を導入することにより，ALS 患者のコミュニケーションとその支援を，課題も含め，多角的に描き出すことを狙いとした。

本研究は，ALS 患者という重篤な四肢機能不全，コミュニケーション障害を持つ者のコミュニケーションを拡大するためのモデルとして位置づけることが可能である。モデル化の機能について，やまだ（2002）は，以下の3つを挙げている。第1に多様な現象を包括して記述する知的活動の集積庫や図鑑の提供，第2に個々の事象を一般化したり類型化したりものさしとなる基準をつくる認識の枠組みの提供，そして第3に個々の事象を見る見方が変わり，新たな仮説や実証を発展的に生み出していく生成的な機能をもつことである。第3の点について焦点を当て，論を進めたい。ALS 患者を取り巻く状況は厳しい。ALS の告知を受けた者を待っているのは，「このような病気を抱えてどうやったら暮らしていけるのか。先が見えないことによる絶望」（川口，2015）である。さらに，医療費などの面で社会的に ALS を支えることにも否定的な見方があるために，難病になることは不幸であるとの認識が広く存在していると考えられる（みわ，2013）。これらの点に対し，本研究は，ALS とともにあるという事象を見る見方を変えるという点で，貢献できるかもしれない。難病に罹患したとしても，決して不幸であるとは限らず，様々な形で，「自分にとって」快適と感じられるような生（ライフ）が存在すること。それが本研究のモデルとしての機能であると考える。

本研究においては ALS 患者という，日本において約 9000 人しか存在しないとされる人々のうち，一名の患者宅へのフィールドワークを中心として知見を提出している。人数という点だけで見れば本研究の成果は極めて限定的であると言えるかもしれない。しかしながら，この点においてもモデル化の第3の機能である，「新たな仮説や実証を発展的に生み出していく生成的な機能」という点で意義を主張したい。一例として研究1においては，「自分の身体に対する自信を持つ」（研究1　データ 5-16，5-17 参照）という記号が，コミュニケーション支援の根幹を成していることを示したが，コミュニケーションにおける記号は，発話障害を持たない者にとっても存在するのではないかと考えることができる。ALS 患者におけるコミュニケーションの記号は，音声言語を喪

失したことで浮き彫りとなったが，発話障害を持たない者においても，自分の身体に対する自信や，あるいはまた別の文化心理学的な記号が機能しているのかもしれない。このように，本研究が先行事例・先行研究として，新たな研究への足場かけ（scaffolding）をするという意味でも，意義を主張できるのではないだろうか。

　総じて，本研究においては，長期にわたるフィールドワークの成果をモデルとして提示することにより，ALS患者のコミュニケーション支援について新しく，かつ実践的な知見を提供した。最後に，エスノグラフィ（マイクロ・エスノグラフィ）の今後について述べておきたい。現在，「よりローカル，より小さなスケール」で実施され，かつ「実践的問題へと取り組む」志向を強く持つ"focused ethnography"が増えつつある（Pistrang and Barker, 2012）。また，レヴィン（Lewin, 1948/1954）によって創始された「アクション・リサーチ」はフィールドのベターメントを追求するが，ここでもエスノグラフィは重要な方法論として位置づけられている（杉万，2006）。エスノグラフィにおいては厚い記述（Geertz, 1973）が志向されるが，その具体的な内容は必ずしも明瞭ではなかった。生（ライフ）という観点からみれば，厚い記述とは，対象となる人々の生命，人生，生活，それらすべてに及ぶ記述を目指すものと言えるのかもしれない。本研究においては，ALS患者の「生活」に主たる焦点が当たっていたが，「生命」や「人生」に着目した研究をさらに追究する余地がある。その際には，時間を捨象せずに人々のダイナミクスを記述する，すなわち生きられた経験を描出するという特徴を持った文化心理学およびTEA（Sato, Hidaka and Fukuda, 2009）の導入が大きな力となるであろう。

謝　　辞

　本書は 2016 年に筆者が立命館大学大学院文学研究科に提出した博士論文を書籍化したものです。平成 29 年度科学研究費補助金（研究成果公開促進費）の補助を受け公刊されています。

　本研究におきましては和中勝三さん，および和中育美さんに多大なるご協力を賜りました。右も左も分からないフィールドワーカーとしての私をご自宅に迎え入れてくださったこと，答えにくいような質問にも嫌な顔一つせずお答えくださったこと，心より感謝いたします。なお和中さんは，2013 年 11 月 13 日にご逝去されました。博士論文をお見せできなかったことがとても残念で，心残りです。また久住純司さんには，ALS 患者の療養現場での IT 支援という特筆すべき活動をお見せいただきました。おうかがいするたびに，様々なことを勉強させていただいたという思いで一杯です。日本 ALS 協会の川口有美子さんからは，ALS 患者参加型企画での登壇患者のご紹介だけでなく，ALS にまつわる様々な企画に関わる機会もいただきました。心より感謝いたします。

　水月昭道先生（学校法人筑紫女学園）には研究の技術だけでなく，研究のプレゼンテーションの仕方や，研究者としての心構えを教わりました。また，本研究におけるフィールドワークにおいても常に身近にいてくださり，多くの示唆を賜りました。感謝の気持ちでいっぱいです。松原洋子先生（立命館大学）には大学院の研究科の枠を越えて，ご指導をいただきました。私が ALS 患者さんの研究に携わるようになったのは，松原先生のお導きがあってのことです。ありがとうございました。Jaan Valsiner 先生（現：Aalborg University）には，Visiting Graduate Student として Clark University で学ぶ機会をいただきました。先生のもとで過ごしたのは 2 ヶ月程度でしたが，今でも，そのときに培った交流と教えが生きています。ぜひまたお会いしたいです。木村一信先生には，私が日本文学を専攻していたときにご指導を賜りました。卒業間近になって進路未定のまま，「心理学を学びたい」と突然言い出した私に，学士入学という

選択肢を提示してくださったこと，今でも感謝しています。木村先生は2015年9月26日にご逝去されました。先生にも博士論文をお見せしたかったです。

　本稿の執筆におきましては，研究室の先輩である安田裕子先生，木戸彩恵先生，福田茉莉先生，同期かつ先輩である若林宏輔先生，同期である滑田明暢くん，後輩である中妻拓也くん，川本静香さん，神崎真実さんに，添削，コメント，文献調達，資料整理，印刷作業のアシスト等で一方ならぬお世話になりました。貴重なお時間を頂戴したおかげで，なんとか本稿を描き上げることができました。ありがとうございました。

　指導教員のサトウタツヤ先生（カタカナで表記します）におかれましては，なかなか執筆の進まないなかで辛抱強く，本稿の完成をお待ちいただきました。提出締め切りが間近に迫るなかでも丁寧なご指導を賜ったこと，感謝の念にたえません。先生の御恩に報いることができるよう，これからも精進いたします。

　本書の刊行におきましては株式会社ナカニシヤ出版の宍倉由髙さんに多大なるご支援を頂戴しました。記して感謝申し上げます。

引用文献

赤阪麻由（2011）．学術研究における新しい関係性のかたち―「研究者－協力者・当事者」から「共同発信者」へ　共同対人援助モデル研究報告書（厚生心理学と質的研究法―当事者（性）と向き合う心理学を目指して―），2, 46-52.

赤阪麻由（2012）．当事者研究のあり方　木戸彩恵・若林宏輔・サトウタツヤ（編）社会と向き合う心理学（pp.167-180）　東京：新曜社

赤阪麻由・日高友郎・サトウタツヤ（2011）．「見えない障害」とともに生きる当事者の講演による高校生の障害観の変容　立命館人間科学研究，24, 49-62.

赤阪麻由・サトウタツヤ（2015）．慢性の病いをもつ研究者が主宰する病者の集いの場で生成される意味―研究者の在り様を含めた場の厚い記述から　質的心理学研究，14, 55-74.

Alm, N. (1993). The development of augmentative and alternative communication systems to assist with social communication. *Technology and Disability*, 2, 1-18.

Anderson, J. R. (1983). The Architecture of Cognition. Cambridge, MA: Harvard University Press.

荒川歩・安田裕子・サトウタツヤ（2012）．複線径路・等至性モデルの TEM 図の描き方の一例　立命館人間科学研究，25, 95-107.

蘭由岐子（2004）．「病いの経験」を聞き取る―ハンセン病者のライフヒストリー　東京：皓星社

朝田圭・茂木俊彦（2010）．神経難病者の病の受け入れの促進要因に関する研究　ヒューマン・ケア研究，11, 86-97.

朝日新聞（1966）．全国流行の奇病スモン病伝染性とほぼ分る　厚生省　本格調査　__病気　1966 年 1 月 22 日朝刊

朝日新聞（2004）．無理心中の母逮捕　難病の長男を殺害容疑　相模原署　2004 年 11 月 3 日朝刊

朝日新聞（2011）．寝たきり妻殺害，夫に執行猶予判決　裁判員「ひとごとでない」　千葉地裁　2011 年 10 月 1 日朝刊

ASHA (American Speech-Language-Hearing Association) (1989). Competencies for speech-language pathologies providing services in augmentative communication. *Asha*, 31, 107-110.

ASHA (American Speech-Language-Hearing Association) (1991). Report: Augmentative and alternative communication. *Asha*, 33 (Suppl. 5), 9-12.

Asken, M. J. (1979). Medical psychology: Toward definition, clarification, and organization. *Professional Psychology*, 10, 66-73.

綾部広則(2005).岐路に立つ科学批判　思想,973, 85-99.

Baldwin, B. T. (1919). The function of psychology in the rehabilitation of disabled soldiers. *Psychological Bulletin*, 16, 267-290.

Ball, L. J., Beukelman, D. R., and Pattee, G. L. (2004). Acceptance of augmentative and alternative communication technology by persons with amyotrophic lateral sclerosis. *Augmentative and Alternative Communication*, 20, 113-122.

Ball, L. J., Beukelman, D. R., Anderson, E., Bilyeu, D. V., Robertson, J., and Pattee, G. L. (2007). Duration of AAC technology use by persons with ALS. *Journal of Medical Speech Language Pathology*, 15, 371-381.

Ball, L. J., Fager, S., and Fried-Oken, M. (2012). Augmentative and alternative communication for people with progressive neuromuscular disease. *Physical Medicine and Rehabilitation Clinics of North America*, 23, 689-699.

Bertalanffy, L., von (1968). General system theory. New York: George Braziller. (ベルタランフィ, L., von 長野敬他(訳)(1973).一般システム理論―その基礎・発展・応用　東京：みすず書房)

Beukelman, D. R., Garrett, K. L., and Yorkston, K. M. (Eds.). (2007). *Augmentative communication strategies for adults with acute or chronic medical conditions*. Baltimore, MD: Paul H. Brookes.

Beukelman, D. R., and Mirenda, P. (1992). *Augmentative and alternative communication: Management of severe communication disorders in children and adults*. Baltimore, MD: Paul H. Brookes.

Brown, W. A., and Mueller, P. S. (1970). Psychological function in individuals with amyotrophic lateral sclerosis (ALS). *Psychosomatic Medicine*, 32, 141-152.

Bruneau, J. (1973). Communicative silences: Forms and functions. *Journal of Communication*, 23, 17-46.

Bruner, J. S. (1977). Early social interaction and language acquisition. In H. R. Schaffer (Ed.), *Studies in mother infant interaction* (pp.271-289). New York: Academic Press.

Cressey, P. G. (1932). The Taxi-Dance Hall: A sociological study in commercialized recreation and city life. Chicago, IL: The University of Chicago Press.

チクセントミハイ, M.・ロックバーグ＝ハルトン, E. 市川孝一・川浦康至(訳)(2009).モノの意味―大切な物の心理学　東京：誠信書房(Csikzentmihalyi, M. and Rochberg-Halton, E. (1981). *The meaning of things: domestic symbols and the self*. Cambridge, MA: Cambridge University Press.)

Davenport-Ennis, N., Cover, M., Ades, T. B., and Stovall, E. (2002). An analysis of advocacy: A collaborative essay. *Seminars in Oncology Nursing*, 18, 290-296.

電子政府（2014a）．身体障害者福祉法〈http://law.e-gov.go.jp/htmldata/S24/S24HO283.html〉（2015 年 3 月 4 日確認）

電子政府（2014b）．障害者の日常生活及び社会生活を総合的に支援するための法律〈http://law.e-gov.go.jp/ htmldata/H17/H17HO123.html〉（2015 年 3 月 4 日確認）

電子政府（2014c）．介護保険法〈http://law.e-gov.go.jp/htmldata/H09/H09HO123.html〉（2015 年 3 月 4 日確認）

江渕一公（2000）．文化人類学　放送大学教育振興会

江口重幸（2008）．病いの語りと人生の変容・再考―病いと物語の諸相　やまだようこ（編）．質的心理学講座（第 2 巻）―人生と病いの語り（pp.239-269）　東京：東京大学出版会

Emmons, R. A., and McCullough, M. E. (2003). Counting blessings versus burdens: An experimental investigation of gratitude and subjective well-being in daily life. *Journal of Personality and Social Psychology*, 84, 377-389.

衛藤幹子（1993）．医療の政策過程と受益者―難病対策にみる患者組織の政策参加―　東京：信山社

ファンコム（2007）．障害者，高齢者を支援するファンコム〈http://www.funcom.co.jp/〉（2007 年 5 月 1 日確認）

Foley, G., Timonen, V., and Hardiman, O. (2012). Patients' perceptions of services and preferences for care in amyotrophic lateral sclerosis: A review. *Amyotrophic Lateral Sclerosis*, 13, 11-24.

Foulds, R. (1980). Communication rates of non-speech expression as a function in manual tasks and linguistic constraints. Proceedings of the International Conference on Rehabilitation Engineering (June 16-20, Toronto, Canada). Rehabilitation Engineers Society of North America, 83-87.

Franz, S. I. (1917). Activities of clinical psychologists. *Psychological Bulletin*, 14, 224-225.

Fried-Oken, M., Fox, L., Rau, M. T., Tullman, J., Baker, G., Hindal, M., Wile, N., and Lou, J. S. (2006). Purposes of AAC device use for persons with ALS as reported by caregivers. *Augmentative and Alternative Communication*, 22, 209-221.

藤江康彦（2013）．フィールドにおける学習・教育研究　やまだようこ・麻生武・サトウタツヤ・能智正博・秋田喜代美・矢守克也（編）質的心理学ハンドブック（pp.259-272）　東京：新曜社

藤田雄大（2014）．難病対策の法制化―難病の患者に対する医療等に関する法律案―　立法と調査，351, 68-86.

福田洋子（1975）．難病患者に対する地域医療のあり方―事例をとおしての考察　日本公衆衛生雑誌，39, 864-865.

Flick, U. (1995). *Qualitative Forschung*. Reinbek bei Hamburg: Rowohlt Taschenbuch Verlag.（フリック，U. 小田博志・山本則子・春日常・宮地尚子（訳）(2002). 質的研究入門　東京：春秋社）

舩後靖彦・寮美千子（2008）．しあわせの王様―全身麻痺のALSを生きる舩後靖彦の挑戦　東京：小学館

Gallagher, D., and Monroe, B. (2006). Psychosocial care. In D. Oliver, G. D. Borasio, and D. Walsh（Eds.), Palliative care in Amyotrophic Lateral Sclerosis : From diagnosis to bereavement（2nd ed.). Oxford, NY: Oxford University Press.

Gaskins, S., Miller., P., and Corsaro, W. A. (1992). Theoretical and methodological perspective in the interpretive study of children. *New Direction for Child Development*, 58, 5-23.

Geertz, C. (1973). *The interpretation of cultures: Selected essays*. New York: Basic Books.

Geertz, C. (1983). *Local knowledge: Further essays in interpretive anthropology*. New York: Basic Books.

Goffman, I. (1961). *Asylums: Essays on the social situation of mental patients and other inmates*. New York: Doubleday.

Goldman-Eisler, F. (1986). *Cycle linguistics: Experiments in spontaneous speech*. New York: Academic Press.

Goldstein, L. H., Adamson, M., Jeffrey, L., Down, K., Barby, T., Wilson, C., and Leigh, P. N. (1998). The psychological impact of MND on patients and carers. *Journal of the Neurological Sciences*, 160, S114-S121.

Good, B. (1994). Medicine, rationality, and experience: An anthropological perspective. Cambridge: Cambridge University Press.（グッド，B. 江口重幸・五木田紳・下地明友・大月康義・三脇康生（訳）(2001). 医療・合理性・経験―バイロン・グッドの医療人類学講義　東京：誠信書房）

Goodwin, M. H., and Goodwin, C. (1986). Gesture and coparticipation in the activity of searching for a word. *Semiotica*, 62, 51-75.

Goosens, C., Crain, S., and Elder, P. (1992). *Engineering the preschool environment for interactive, symbolic communication*. Birmingham, AL: Southeast Augmentative Communication Conference Publications.

濱昌代（2011）．IT活用支援の考え方・ポイント　筋萎縮性側索硬化症―作業療法士が行うIT活用支援　宮永敬市・田中勇次郎（編著）(pp.38-44)　医歯薬出版株式会社

浜田寿美男（2006）．アクションリサーチにおける質的方法の先鋭化とは何か　心理学評論，49, 562-565.

濱井裕也・水町光徳・中藤良久・松井謙二（2013）．発話支援のための予測変換を用いた文字入力方法の検討　情報科学技術フォーラム講演論文集，12, 701-

704.
原昌平（2008）．アンチスティグマ：社会を動かす当事者とメディアの役割　精神神経学雑誌，**110**, 388-393.
原野明子（1997）．事象見本法の理論と技法　中澤潤・大野木裕明・南博文（編著）　心理学マニュアル観察法（pp.24-35）　京都：北大路書房
橋本みさお・川口有美子（2015）．在宅人工呼吸療法の繁忙期を生きる女たちの証言　川口有美子（著）　末期を超えて：ALSとすべての難病にかかわる人たちへ（pp.49-63）　東京：青土社
林秀明（2005）．ALSとは　日本ALS協会（編）　新ALS（筋萎縮性側索硬化症）ケアブック（pp.1-14）　日本ALS協会
林洋一郎（2014）．「みる」ことから心を探る　大野木裕明・渡辺直登（編著）　心理学研究法（pp.91-103）　東京：放送大学教育振興会
Hermans, H. J. M., and Kempen, H. J. G. (1993). The dialogical self: Meaning as movement. San Diego, CA: Academic Press.
日比野愛子・永田素彦（2004）．ヒトクローン技術の規制をめぐる政治的言説の分析　科学技術社会論研究，**3**, 87-103.
日高友郎（2015）．エスノグラフィ（アクションリサーチ）を実践する― TEMを導入したエスノグラフィの可能性　安田裕子・滑田明暢・福田茉莉・サトウタツヤ（編）　TEA実践編―複線径路等至性アプローチを活用する（pp.218-222）東京：新曜社
日高友郎・水月昭道・サトウタツヤ・松原洋子（2007）．ITによるALS患者のコミュニケーション・サポートの場の分析　立命館人間科学研究，**15**, 25-38.
日高友郎・滑田明暢（編）（2011）．共同対人援助モデル研究報告書（厚生心理学と質的研究法―当事者（性）と向き合う心理学を目指して―）立命館人間科学研究所
日高友郎・水月昭道・サトウタツヤ（2012）．神経難病患者の生を捉えるライフ・エスノグラフィ―在宅療養の場の厚い記述から　質的心理学研究，**11**, 96-114.
日高友郎・水月昭道・サトウタツヤ（2014）．サイエンスカフェにおけるファシリテーターの集団維持機能：市民―科学者間の会話を支える要因に注目して　実験社会心理学研究，**54**, 11-24.
樋口直人（2010）．あなたも当事者である―再帰的当事者論の方へ　宮内洋・好井裕明（編著）〈当事者〉をめぐる社会学―調査での出会いを通して（pp.87-103）京都：北大路書房
樋口智和（2013）．筋萎縮性側索硬化症患者へのコミュニケーション支援　コミュニケーション障害学，**30**, 110-119.
平川秀幸（2002）．科学技術と市民的自由―参加型テクノロジーアセスメントとサイエンスショップ　科学技術社会論研究，**1**, 51-58.
Houpt, J. L., Gould, B. S., and Norris Jr, F. H. (1977). Psychological characteristics

of patients with amyotrophic lateral sclerosis (ALS). *Psychosomatic Medicine*, 39, 299-303.

Houston, S. (2006). Reflections on a kayak expedition in Scotland. In M. Fried-Oken, and H. Bersani, (Eds.), Speaking up and spelling it out (p.209). Baltimore, MD: Paul H. Brookes.

Hunter, M. D., Robinson, I. C., and Neilson, S. (1993). The functional and psychological status of patients with amyotrophic lateral sclerosis: Some implications for rehabilitation. *Disability & Rehabilitation*, 15, 119-126.

Hwang, C. S., Weng, H. H., Wang, L. F., Tsai, C. H., and Chang, H. T. (2014). An eye-tracking assistive device improves the quality of life for ALS patients and reduces the caregivers' burden. *Journal of Motor Behavior*, 46, 233-238.

市山雅美・田坂さつき・日高友郎・水月昭道・大野英隆（2009）．ALS当事者との出会いからはじまるサービスラーニング―湘南工科大学・立命館大学・立正大学との連携によるITプロジェクト報告― 湘南工科大学紀要, 43, 119-134.

磯村陸子・町田利章・無藤隆（2005）．小学校低学年クラスにおける授業内コミュニケーション：参加構造の転換をもたらす「みんな」の導入の意味 発達心理学研究, 16, 1-14.

伊藤史人（2013）．口文字盤読み取り支援システムの検討 電子情報通信学会技術研究報告（MVE，マルチメディア・仮想環境基礎），112, 219-222.

伊藤哲司（2004）．民族対立という現実へ―ビジュアル・エスノグラフィーを用いた偏見緩和の試み 現代のエスプリ，449, 139-148.

株式会社日立ケーイーシステムズ（2007）．日立ケーイーシステムズ【伝の心】概要〈http://www.hke.jp/products/dennosin/denindex.htm〉（2007年5月10日確認）

金田裕子（2000）．教室の参加構造に関する研究の展開 教育学研究, 67, 201-208.

金澤一郎（2011）．今後の難病対策への提言 保健医療科学, 60, 84-88.

樫田美雄（2014a）．研究倫理に関する〈合意形成〉の相互行為分析―福島県民健康管理調査の事例研究― 質的心理学フォーラム, 6, 41-49.

樫田美雄（2014b）．討論2―研究と研究倫理は，対話と葛藤の果てに，新しい研究領域を産み出し得るか 質的心理学フォーラム, 6, 54-59.

川口有美子（2009）．エピキュリアスなエンド・オブ・ライフケアを実現する（第14回日本緩和医療学会学術大会発表要旨）〈http://www.arsvi.com/2000/0906ky03.htm〉（2010年10月1日確認）

川口有美子（2015）．末期を超えて―ALSとすべての難病にかかわる人たちへ 東京：青土社

河合隼雄（1976）．事例研究の意義と問題点 臨床心理事例研究, 3, 9-12.

川喜田二郎（1986）．KJ法―渾沌をして語らしめる 東京：中央公論社

川村佐和子（1976）．神経難病における自宅療養の検討 難病の治療・看護に関す

る研究班報告書（昭和51年度報告書），58-63.
川村佐和子（2002）．21世紀における難病看護研究の課題　日本難病看護学会誌，**6**, 87-89.
川村佐和子（2003）．平成15年度厚生労働科学研究補助金厚生労働科学特別研究事業　ALS患者における在宅療養環境の整備状況に関する調査研究（第6回在宅及び養護学校における日常的な医療の医学的・法律学的整理に関する研究会資料）〈http://www.mhlw.go.jp/shingi/2004/11/s1115-9.html〉（2009年1月28日確認）
川村佐和子（2004）．ALS患者にかかる在宅療養環境の整備状況に関する調査研究報告書（厚生労働科学特別研究事業）
川村佐和子（2007）．ALS（筋萎縮性側索硬化症）およびALS以外の療養患者・障害者における，在宅医療の療養環境整備に関する研究（厚生労働科学研究医療安全・医療技術評価総合研究事業）
川村佐和子（2009）．神経難病生活者と支援者　保健の科学，**51**, 114-118.
川村佐和子・川口有美子（2008）．難病ケアの系譜―スモンから在宅人工呼吸療法まで　現代思想，**36**, 171-191.
川村佐和子・川口有美子（2015）．難病ケアの系譜　川口有美子（著）末期を超えて―ALSとすべての難病にかかわる人たちへ（pp.183-227）　東京：青土社
川添登（1984）．生活学の構築にむかって―あとがきにかえて　川添登（編）生活学選書―生活学へのアプローチ（pp.221-233）　ドメス出版
Kerr, A., Cunningham-Burley, S., and Tutton, R.（2007）. Shifting subject positions: Experts and lay people in public dialogue. *Social Studies of Science*, **37**, 385-411.
木村文治（2014）．ALSの予後は1999年以後改善したか？　難病と在宅ケア，**19**, 22-25.
木下安子・山手茂・山岸春江・関野栄子（1974）．昭和48年度特殊疾病に関する研究報告書―在宅患者家庭アンケート調査（療育相談，早期発見，早期治療の機構に関する研究（東京都衛生局委託研究））　pp.234-300.
木下安子・山手茂・山岸春江・関野栄子（1975）．昭和49年度特殊疾病に関する研究報告書―在宅難病患者の療養生活実態に関する二次アンケート調査（療育相談，早期発見，早期治療の機構に関する研究（東京都衛生局委託研究））　pp.215-272.
北村文（2013）．ポジショナリティ．藤田結子・北村文（編）　現代エスノグラフィー―新しいフィールドワークの理論と実践（pp.34-37）　東京：新曜社
北村弥生（2001）．呼吸器装着に関する意思決定における筋萎縮性側索硬化症（ALS）患者の心理的葛藤とその解決　国立身体障害者リハビリテーションセンター研究紀要，**22**, 23-28.
Kleinman, A.（1988）. The illness narratives: Sufferring, healing and the human

condition. New York: Basic Books.（クラインマン，A. 江口重幸・五木田紳・上野豪志（訳）（1996）．病いの語り―慢性の病いをめぐる臨床人類学　東京：誠信書房）

小林明子（2010）．難病 ALS 患者をとりまく療養環境の変遷―福井県において19年間在宅人工呼吸器療法を実施した女性の事例分析から―　福井県立大学論集, **34**, 13-41.

小林傳司（2002）．社会的意思決定への市民参加　小林傳司（編）公共のための科学技術（pp.158-183）玉川大学出版部

児島達美（2011）．指定討論・総括　日高友郎・滑田明暢（編）共同対人援助モデル研究報告書（厚生心理学と質的研究法―当事者（性）と向き合う心理学を目指して―），**2**, 41-45.

厚生労働省（1972）．難病対策要綱〈http://www.nanbyou.or.jp/pdf/nan_youkou.pdf〉（2015年2月5日確認）

厚生労働省（1995）．公衆衛生審議会成人病難病対策部会難病対策専門委員会最終報告〈http://www.mhlw.go.jp/shingi/2006/08/dl/s0809-5c.pdf〉（2015年2月5日確認）

厚生労働省（2014）．補装具費支給事務取扱指針について〈http://www.mhlw.go.jp/file/06-Seisakujouhou-12200000-Shakaiengokyokushougaihokenfukushibu/0000042577.pdf〉（2015年3月4日確認）

厚生労働省（2014）．難病医療費助成制度概要〈http://www.mhlw.go.jp/file/06-Seisakujouhou-10900000-Kenkoukyoku/0000069818.pdf〉（2015年2月15日確認）

久能由弥（2001）．ALS 障害におけるソーシャルサポート・コミュニケーション手段の利用可能性と心理的ストレスの関係　教育福祉研究, **7**, 1-14.

Kurzon, D.（2007）. Towards a typology of silence. *Journal of Pragmatics*, **39**, 1673-1688.

串田秀也（1999）．助け船とお節介　好井裕明・山田富秋・西阪仰（編）　会話分析への招待（pp.124-147）　京都：世界思想社

葛原茂樹（2013）．難病克服プロジェクト〈http://www.kantei.go.jp/jp/singi/kenkouiryou/tyousakai/dai3/siryou06-2.pdf〉（2015年2月15日確認）

Lasker, J. P., and Bedrosian, J. L.（2000）. Acceptance of AAC by adults with acquired disorders. In D. R. Beukelman, K. M. Yorkston, and J. Reichle (Eds.), *Augmentative and Alternative Communication for adults with acquired neurologic disorders*. Baltimore, MD: Paul H. Brookes Publishing. pp.107-136

LeCompte, M. D. and Preissle, J.（1993）. *Ethnography and qualitative design in educational research*. San Diego, CA: Academic Press.

Lewin, K.（1946）. Action research and minority problems. *Journal of Social Issues*, **2**, 34-46.

Lewin, K. (1948). Resolving social conflicts: Selected papers on group dynamics. New York: Harper and Brothers.（レヴィン，K. 末永俊郎（訳）(1954). 社会的葛藤の解決―グループ・ダイナミックス論文集　東京：東京創元社）

Lewin, K. (1951). *Field theory in social science.* NewYork: Harper & Row.（レヴィン，K. 猪股佐登留（訳）(1956). 社会科学における場の理論　東京：誠信書房）

Malec, J., and Neimeyer, R. (1983). Psychologic prediction of duration of inpatient spinal cord injury rehabilitation and performance of self-care. *Archives of Physical Medicine and Rehabilitation*, 64, 359-363.

Malinowski, B. K. (1922). *Argonauts of the western Pacific.* London: Routledge & Kegan Paul.

松原洋子・水月昭道・日高友郎・サトウタツヤ（2007）．インターネットを利用したALS患者集会の試み　立命館人間科学研究, 15, 141-156.

松田芳恵（2004）．緩和ケアにおける臨床心理士の役割―あるALS者との関わりから　心理臨床学研究, 22, 128-139.

McNaughton, D., Light, J., and Groszyk, L. (2001). "Don't give up": Employment experiences of individuals with amyotrophic lateral sclerosis who use augmentative and alternative communication. *Augmentative and Alternative Communication*, 17, 179-195.

Merriam, S. B. (1998). Qualitative research and case study applications in education. San Francisco, CA: Jossey-Bass.（メリアム，S. B. 堀薫夫・久保真人・成島美弥（訳）(2004). 質的調査法入門―教育における調査法とケース・スタディ　京都：ミネルヴァ書房）

箕浦康子（1999）．フィールドワークと解釈的アプローチ　箕浦康子（編著）フィールドワークの技法と実際（pp.2-20）　京都：ミネルヴァ書房

南博文（1992）．素朴心理学再考―ハイダーの着想からエスノメソドロジーの展開へ　対人行動学研究, 11, 1-12.

みわよしこ（2013）．難病を「不幸」と結びつけているのは誰か　賃金と社会保障, 1600, 4-10.

宮嶋裕明（2006）．JALSA/日本ALS協会― ALSとはどんな病気？― ALSの病理と診断〈http://www.alsjapan.org/contents/whatis/index_2.html〉（2007年5月1日確認）

宮内洋（2000）．国籍条項をめぐるエスノメソッド――ある地方公共団体職員との話し合いの場面をもとに　コリアン・マイノリティ研究, 4, 46-65.

望月昭（2010）．「助ける」を継続的に実現するための対人援助学　望月昭・サトウタツヤ・中村正・武藤崇（編）対人援助学の可能性―「助ける科学」の創造と展開（pp.9-31）　東京：福村出版

Montgomery, G. K., and Erickson, L. M. (1987). Neuropsychological perspectives

in amyotrophic lateral sclerosis. *Neurologic Clinics*, 5, 61-81.
森朋子（2005）．筋萎縮性側索硬化症（ALS）患者に迫られる生死の決断―インフォームド・コンセントの重さと夢　臨床心理学, 5, 209-214.
茂呂雄二（1997）．談話の認知科学への招待　茂呂雄二（編）対話と知：談話の認知科学入門（pp.1-20）　東京：新曜社
茂呂雄二（2001）．実践のエスノグラフィ　東京：金子書房
村本由紀子（1996）．集団と集合状態との曖昧な境界：早朝の公園で見出される多様なアイデンティティ　社会心理学研究, 12, 113-124.
無藤隆（2004）．研究における質対量　無藤隆・やまだようこ・南博文・麻生武・サトウタツヤ（編）ワードマップ質的心理学（pp.2-7）　東京：新曜社
無藤隆（2013）．実践志向の質的研究の成り立ち　やまだようこ・麻生武・サトウタツヤ・能智正博・秋田喜代美・矢守克也（編）．質的心理学ハンドブック（pp.239-258）　東京：新曜社
長岡紘司・川口有美子（2012）．生きよ。生きよ。：在宅人工呼吸療法の黎明期を生きた男の遺言　現代思想, 40, 72-89.
中邑賢龍（2001）．コミュニケーションエイドと心理学研究　心理学評論, 44, 124-136.
中村征樹（2007）．サイエンスカフェの挑戦〈http://www.chikyu.ac.jp/sci_et_soc/Archives/Document/nakamura_200702.pdf〉（2007年11月25日）
中村好一（2012）．基礎から学ぶ楽しい疫学　東京：医学書院
仲山加奈子・金載烋・佐藤誠・小池康晴（2005）．ヒューマンインタフェースのためのNIRSの研究　電子情報通信学会技術研究報告（ニューロコンピューティング）, 104, 53-58.
中澤潤（1997）．時間見本法の理論と技法．中澤潤・大野木裕明・南博文（編著）心理学マニュアル観察法（pp.14-23）　京都：北大路書房
中澤潤・大野木裕明・南博文（1997）．心理学マニュアル観察法　京都：北大路書房
ナムコ（2007）．ATでハッスル〈http://hustle-club.com/at/at_hustle.html〉（2007年5月13日確認）
難病情報センター（2015）．特定疾患治療研究事業対象疾患一覧表（56疾患）〈http://www.nanbyou.or.jp/entry/513〉（2015年2月18日確認）
難病情報センター（2016）．筋萎縮性側索硬化症（ALS）〈http://www.nanbyou.or.jp/entry/52〉（2016年3月28日確認）
日本ALS協会（編）（2006）．設立20周年記念誌JALSA特別号　障害者団体定期刊行物協会
日本ALS協会（2007）．ALSと診断されたら〈http://www.alsjapan.org/contents/care/index.html〉（2007年5月12日確認）
日本科学未来館（2006）．平成18年度科学技術週間サイエンスカフェ実施報告書

独立行政法人科学技術振興機構

西村歌織・唐津ふさ・佐々木栄子・野川道子（2007）．神経難病患者の療養生活の受けとめ尺度の開発．北海道医療大学看護福祉学部紀要，14, 37-47.

西川麦子（2010）．フィールドワーク探求術―気づきのプロセス，伝えるチカラ　京都：ミネルヴァ書房

能智正博（2004）．理論的なサンプリング―質的研究ではデータをどのように選択するのか　無藤隆・やまだようこ・南博文・麻生武・サトウタツヤ（編著）質的心理学―創造的に活用するコツ（pp.78-83）　東京：新曜社

大橋英寿（1998）．沖縄シャーマニズムの社会心理学的研究　東京：弘文堂

大橋英寿・作道信介・堀毛裕子（1985）．二重治療システムをめぐる病者と家族の対処行動：シャーマニズムと精神医療の機能関連　社会心理学研究，1, 15-24.

大石由起子・木戸久美子・林典子・稲永努（2007）．ピアサポート・ピアカウンセリングにおける文献展望　山口県立大学社会福祉学部紀要，13, 107-121.

大阪大学サイエンスショップ（2008）．サイエンスショップ一般について　〈http://handai.scienceshop.jp/content/view/16/33/〉（2008年8月19日確認）

大坂純（2008）．当事者活動を活用した難病患者への支援　総合リハビリテーション，36, 1063-1068.

岡部明子・喜多祐荘・松岡昌子・永井雅子（2004）．保健，医療，福祉専門職間の連携の実際と課題　東海大学健康科学部紀要，10, 13-20.

岡田猛（1999）．科学における共同研究のプロセス　岡田猛・田村均・戸田山和久・三輪和久（編著）　科学を考える（pp.2-25）　京都：北大路書房

岡本晃明・川口有美子（2015）　支援者になっていく　川口有美子（著）末期を超えて：ALSとすべての難病にかかわる人たちへ（pp.67-85）　東京：青土社

Olson, W. C. and Cunningham, E. M. (1934) Time-sampling techniques. *Child Development*, 5, 41-58.

尾見康博・川野健治（1994）．人びとの生活を記述する心理学―もうひとつの方法論をめぐって―　東京都立大学心理学研究，4, 11-18.

尾中文哉（1990）．施設の外で生きる―福祉の空間からの脱出　安積純子・岡原正幸・尾中文哉・立岩真也（編著）生の技法―家と施設を出て暮らす障害者の社会学（pp.101-120）　東京：藤原書店

尾野精一（2007）．ALSの皮膚変化　*BRAIN and NERVE*, 59, 1099-1107.

Pagnini, F., Banfi, P., Lunetta, C., Rossi, G., Castelnuovo, G., Marconi, A., Fossati, F., Corbo, M., and Molinari, E. (2012) Respiratory function of people with amyotrophic lateral sclerosis and caregiver distress level: A correlational study. *BioPsychoSocial Medicine*, 6, 14.

Pagnini, F., Rossi, G., Lunetta, C., Banfi, P., Castelnuovo, G., Corbo, M., and Molinari, E. (2010). Burden, depression, and anxiety in caregivers of people with amyotrophic lateral sclerosis. *Psychology, Health & Medicine*, 15, 685–

693.

Pagnini, F., Rossi, G., Lunetta, C., Banfi, P., and Corbo, M. (2010). Clinical psychology and amyotrophic lateral sclerosis. *Frontiers in Psychology*, 1, 5.

Pistrang, N. and Barker, C. (2012). Varieties of qualitative research: A pragmatic approach to selecting methods. In H. Cooper (Ed.), *APA handbook of research methods in psychology (Volume 2: Research designs: Quantitative, qualitative, neuropsychological, and biological)* (pp.5-18). Washington, D.C.: American Psychological Association.

Real, R. G., Dickhaus, T., Ludolph, A., Hautzinger, M., and Kubler, A. (2014). Well-being in amyotrophic lateral sclerosis: A pilot experience sampling study. *Frontiers in psychology*, 5.

Robillard, A. B. (1999). Meaning of a disability: The lived experience of paralysis. Philadelphia, PA: Temple University Press.

定延利之・田窪行則（1995）．談話における心的操作モニター機構　言語研究，108, 74-93.

西條美紀・野原佳代子・日下部治（2007）．談話研究から見た科学技術コミュニケーションの意義と実践　工学教育，55, 59-65.

酒井義昭（1972）．厚生省公衆衛生局企画課に特定疾患対策室の設置　公衆衛生情報，2, 4.

佐藤郁哉（1984）．暴走族のエスノグラフィー―モードの叛乱と文化の呪縛　東京：新曜社

佐藤郁哉（2008）．実践質的データ分析入門　東京：新曜社

佐藤猛（1995）．ALS患者の療養環境全国調査結果の示す現状と問題点　難病と在宅ケア，4, 59.

佐藤哲彦（2003）．薬物使用の質的研究における説明と記述―シンボリック相互作用論における科学性・合理性とディスコースの分析―　犯罪社会学研究，28, 82-95.

サトウタツヤ（2004）．心理学からみた質的研究　サトウタツヤ（編）フィールド・質的・カルチュラル：対人援助の実践と研究を支える技法と理論（学術フロンティア推進事業プロジェクト研究シリーズ7）立命館大学人間科学研究所 pp.3-43.

サトウタツヤ（2006）．発達の多様性を記述する新しい心理学方法論としての複線径路等至性モデル　立命館人間科学研究，12, 65-75.

サトウタツヤ（2007a）．研究デザインと倫理　やまだようこ（編）質的心理学の方法―語りをきく（pp.16-37）　東京：新曜社

サトウタツヤ（2007b）．質的心理学会・全体討論 サトウタツヤ・水月昭道（編）ヒューマンサービスリサーチ：病と障害への質的アプローチ～人生 with 病い and/or 障害～, 6, 35-52.

サトウタツヤ（2009a）．第6章 TEM がもたらす未来第2節時　文化　厚生　サトウタツヤ（編著）　TEM ではじめる質的研究―時間とプロセスを扱う研究をめざして（pp.185-199）　東京：誠信書房

サトウタツヤ（2009b）．はじめに．サトウタツヤ（編）TEM ではじめる質的研究：時間とプロセスを扱う研究をめざして（pp.i-viii）　東京：誠信書房

サトウタツヤ（2012）．質的研究をする私になる　安田裕子・サトウタツヤ（編）TEM でわかる人生の径路：質的研究の新展開（pp.4-11）　東京：誠信書房

サトウタツヤ（2013）．質的心理学の展望　東京：新曜社

サトウタツヤ（2015a）．TEA というアプローチ．安田裕子・滑田明暢・福田茉莉・サトウタツヤ（編）　ワードマップ TEA 理論編―複線径路等至性アプローチの基礎を学ぶ（pp. 3-28）　東京：新曜社

サトウタツヤ（2015b）．EFP とセカンド EFP ―等至点の再設定の可能性．安田裕子・滑田明暢・福田茉莉・サトウタツヤ（編）ワードマップ TEA 実践編―複線径路等至性アプローチを活用する（pp. 8-12）　東京：新曜社

サトウタツヤ（2015c）．TEA（複線径路等至性アプローチ）コミュニティ心理学研究，19, 52-61.

サトウタツヤ（2015d）．文化心理学から見た食の表現の視点から食文化とその研究について考える　社会システム研究，2015 特集号，197-209.

サトウタツヤ（2015e）．心理学の名著 30　筑摩書房

Sato, T., Hidaka, T., and Fukuda, M. (2009). Depicting the dynamics of living the life: The trajectory equifinality model. In J. Valsiner (Ed.), Dynamic process methodology in the social and developmental sciences (pp.217-240). New York: Springer.

サトウタツヤ・安田裕子・佐藤紀代子・荒川歩（2011）．インタビューからトランスビューへ― TEM の理念に基づく方法論の提案　日本質的心理学会第8回大会プログラム抄録集，70.

Sato, T., Fukuda, M., Hidaka, T., Kido, A., Nishida, M., and Akasaka, M. (2012). The authentic culture of living well: Pathways to psychological well-being. In J. Valsiner, (Ed.), The Oxford handbook of culture and psychology (pp.1078-1091). Oxford, UK: Oxford University Press.

Sato, T., Yasuda, Y., Kanzaki, M., and Valsiner, J. (2014). From describing to reconstructing life trajectories: How the TEA (Trajectory Equifinality Approach) explicates context-dependent human phenomena. In B. Wagoner, N. Chaundhary, and P. Hviid (Eds.), Culture psychology and its future: Complementarity in a new key (pp.93-104). Charlotte, NC: Information Age Publishing.

Seashore, C.E. (1912). Psychologist vs. consulting psychologist. *Journal of Educational Psychology*, 3, 473-474.

Shank, R. C. and Abelson, R. P.（1975）．*Scripts, plan, goals, and understanding.* Hove, UK: Lawrence Erlbaum.

白井誠一郎（2013）．難病法の施行による新たな医療費助成制度とその課題　難病と在宅ケア，21, 5-9.

荘島幸子（2008）．トランスジェンダーを生きる当事者と家族―人生イベントの羅生門的語り　質的心理学研究，7, 204-224.

芝池伸彰・小川定男（1978）．難病対策形成に関する史的考察　医学史研究，50, 299-309.

柴田貴美子（2010）．病や障害を抱えた当事者が語る「当事者参加型授業」の現状と教育効果に関する文献レビュー　文京学院大学保健医療技術学部紀要，3, 23-31.

柴山真琴（2013）．フィールドへの参入と参与観察　やまだようこ・麻生武・サトウタツヤ・能智正博・秋田喜代美・矢守克也（編）質的心理学ハンドブック（pp.190-204）　東京：新曜社

鹿毛雅治（2002）．フィールドに関わる「研究者／私」：実践心理学の可能性　下山晴彦・子安増生（編）心理学の新しいかたち―方法への意識（pp.132-172）　東京：誠信書房

下山晴彦（2001）．臨床心理学の専門性と教育　下山晴彦・丹野義彦（編）臨床心理学とは何か（講座臨床心理学1）（pp.73-95）　東京：東京大学出版会

祖父江元（2006）．老化に伴う神経変性疾患の長期縦断疫学研究；ALSについて　平成18年度総括・分担研究報告書（厚生労働科学研究費補助金長寿科学総合研究事業）

杉万俊夫（2006）．質的方法の先鋭化とアクションリサーチ　心理学評論，49, 551-561.

隅田好美（2004）．筋萎縮性側索硬化症患者の在宅療養に関する問題点：介護負担と吸引問題　社會問題研究，53, 79-94.

杉山滋郎（2002）．科学コミュニケーション　科学技術社会論研究，1, 141-148.

杉山滋郎（2007）．「サイエンス・カフェ」の歴史と理念を紐解く―定着しつつある新しい科学コミュニケーションの形　化学，62, 22-24.

Tajfel, H.（1981）．*Human groups and social categories.* Cambridge, MA: Cambridge University Press.

高木仁三郎（1999）．市民科学者として生きる　東京：岩波書店

高橋裕子（2006）．特定疾患当事者およびその家族への心理的援助　臨床心理学，6, 505-509.

高梨克也・加納圭・水町衣里・元木環（2012）．双方向コミュニケーションでは誰が誰に話すのか？：サイエンスカフェにおける科学者のコミュニケーションスキルのビデオ分析　科学技術コミュニケーション，11, 3-17.

滝澤誠（1998）．「背番号3」から「一種一級障害者手帳保持者へ」ATACカンファ

レンス1998講演予稿集，136-139．
田中博子（2004）．会話分析の方法と会話データの記述法　山崎敬一（編）実践エスノメソドロジー入門（pp.71-84）　東京：有斐閣
田中勇次郎（2005）．コミュニケーションの問題　日本ALS協会（編）新ALS（筋萎縮性側索硬化症）ケアブック（pp.95-122）東京：川島書店
田中勇次郎・本間武蔵（2005）．コミュニケーション機器のいろいろ　日本ALS協会（編）　新ALS（筋萎縮性側索硬化症）ケアブック（p.106）　東京：川島書店
谷垣靜戸・矢倉紀子（2003）．神経難病患者のやまい体験—グループインタビュー法を用いて—　日本難病看護学会誌，8, 137-142．
谷口明子（2004）．病院内学級における教育実践に関するエスノグラフィック・リサーチ：実践の"つなぎ"機能の発見　発達心理学研究，15, 172-182．
立岩真也（2004）．ALS—不動の身体と息する機械　東京：医学書院
立岩真也（2006）．ノーマリゼーション　大庭健・井上達夫・加藤尚武・川本隆史・神崎繁・塩野谷祐一・成田和信（編）現代倫理学事典（p.675）　東京：弘文堂
土佐和男（編著）（2008）．高齢者の医療の確保に関する法律の解説—付・高齢者の医療の確保に関する法律　東京：法研
利島保（2001）．特集「障害と支援技術」について　心理学評論，44, 115-123．
豊浦保子（1996）．生命のコミュニケーション　大阪：東方出版
Valsiner, J. (2001). *Comparative study of human cultural development*. Madrid: Fundacion Infancia y Aprendizaje.
Vernon, A. (1997). Reflexivity: The dilemmas of researching from the inside. In C. Barnes and G. Mercer (Eds.), *Doing disability research* (pp.158-176). Leeds, UK: The Disability Press.
ヴィゴツキー，L. S. 柴田義松（訳）（1970）．精神発達の理論　東京：明治図書
Vygotsky, L. S. (1999). The zone of proximal development. In P. Lloyd, and C. Fernyhough (Eds.), Lev Vygotsky: *Critical assessments* (Vol.3). New York: Routledge. (Original work written 1931)
渡辺崇史（2009）．できることを生かす継続支援　中島孝（監修）ALSマニュアル決定版！（pp.38-45）　日本プランニングセンター
Whyte, W. F. (1943). *Street corner society*. Chicago, IL: The University of Chicago Press.
Wolfenberger, W. (1972). The principle of normalization in human services. Toronto: National Institute of Mental Retardation.
八木保樹（2007）．援助行動における利己性と愛他性—人はなぜ援助するかについての実験社会心理学—　望月昭（編）対人援助の心理学（pp.164-84）　東京：朝倉書店

山田富秋（1999）．会話分析を始めよう　好井裕明・山田富秋・西阪仰（編）会話分析への招待（pp.1-35）　京都：世界思想社

やまだようこ（2002）．現場心理学における質的データからのモデル構成プロセス――「この世とあの世」イメージ画の図像モデルを基に　質的心理学研究, 1, 107-128.

やまだようこ・杉万俊夫・藤田和生・子安増生（2006）．「質的心理学とアクションリサーチ」企画趣旨　心理学評論, 49, 381-383.

山手茂（1976）．アンケートA票集計 厚生省難病の治療・看護に関する研究班報告書　pp.65-222.

山口裕幸（1999）．集団　中島義明・安藤清志・子安増生・坂野雄二・繁桝算男・立花政夫・箱田裕司（編）心理学辞典（p.385）　東京：有斐閣

山本真（2007）．在院人工呼吸から在宅人工呼吸へ―医療機関の取り組み　人工呼吸, 24, 105-111.

山下晋司（2005）．人類学をシステムアップする　山下晋司・福島真人（編）現代人類学のプラクシス（pp.1-11）　東京：有斐閣

山崎摩耶（2006）．マドンナの首飾り―橋本みさお，ALSという生き方　東京：中央法規出版

山崎敬一・江原由美子（1993）．沈黙と行為―規範と慣行的行為―　ソシオロゴス, 17, 57-78.

山崎浩司（2012）．医療研究と質的研究―その関係に見る苦難と意義　質的心理学フォーラム, 4, 28-35.

山内保典・岡田猛（2003a）．妥当性境界の形成過程に関する研究　科学技術社会論研究, 2, 23-41.

山内保典・岡田猛（2003b）．妥当性境界形成の力学　科学技術社会論研究, 2, 42-56.

安田裕子（2012）．不妊治療者の人生選択：ライフストーリーを捉えるナラティヴ・アプローチ　東京：新曜社

安田裕子（2015）．TEMの基本と展開．安田裕子・滑田明暢・福田茉莉・サトウタツヤ（編）．TEA理論編：複線径路等至性アプローチの基礎を学ぶ（pp.29-1）　東京：新曜社

安田裕子・滑田明暢・福田茉莉・サトウタツヤ（編）（2015a）．ワードマップTEA理論編―複線径路等至性アプローチの基礎を学ぶ　東京：新曜社

安田裕子・滑田明暢・福田茉莉・サトウタツヤ（編）（2015b）．ワードマップTEA実践編―複線径路等至性アプローチを活用する　東京：新曜社

安田裕子・サトウタツヤ（編著）（2012）．TEMでわかる人生の径路―質的研究の新展開　東京：新曜社

好井裕明（1999）．制度的状況の会話分析．好井裕明・山田富秋・西阪仰（編）会話分析への招待（p.51）　京都：世界思想社

索　引
人名索引

A-Z

Abelson, R. P.　16
Adamson, M.　12
Ades, T. B.　111
Akasaka, M.　63
Alm, N.　16
Anderson, J. R.　15, 97, 98
Baker, G.　14
Ball, L. J.　14, 15
Banfi, P.　11
Barby, T.　12
Barker, C.　144
Bedrosian, J. L.　15
Bertalanffy, L., von.　21
Beukelman, D. R.　14, 15, 16
Bilyeu, D. V.　15
Brown, W. A.　10
Bruneau, J.　135
Bruner, J. S.　62
Castelnuovo, G.　11
Chang, H. T.　14
Corbo, M.　11
Corsaro, W. A.　33
Cover, M.　111
Crain, S.　16
Cressey, P. G.　32
Cunningham, F. M.　23
Cunningham-Burley, S.　90
Davenport-Ennis, N.　111
Dickhaus, T.　11
Down, K.　12
Elder, P.　16
Emmons, R. A.　11
Erikson, L. M.　10
Fager, S.　14

Foley, G.　10
Fossati, F.　11
Foulds, R.　16
Fox, L.　14
Fried-Oken, M.　14
Fukuda, M.　63, 144
Gallagher, D.　12
Garret, K. L.　14
Gaskins, S.　32
Geertz, C.　33, 60, 144
Goffman, I.　31, 49
Goldman-Eisler, F.　16
Goldstein, L. H.　12
Goodwin, M. H.　86
Googwin, C.　86
Goosens, C.　16
Gould, B. S.　10
Groszyk, L.　14
Hardiman, O.　10
Hautzinger, M.　11
Hermans, H. J. M.　38
Hidaka, T.　63, 144
Hindal, M.　14
Houpt, J. L.　10
Houston, S.　14
Hunter, M. D.　10
Hwang, C. S.　14
Jeffrey, L.　12
Kanzaki, M.　19
Kempen, H. J. G.　38
Kerr, A.　90
Kido, A.　63
Kleinman, A.　33
Kubler, A.　11
Kurzon, D.　135

Lasker, J. P.   15
Lecompte, M. D.   32
Leigh, P. N.   12
Lewin, K.   69, 89, 144
Light, J.   14
Lou, J. S.   14
Ludolph, A.   11
Lunetta, C.   11
Malec, J.   10
Marconi, A.   11
McCullough, M. E.   11
McNaughton, D.   14
Merriam, S. B.   21
Miller, P.   32
Mirenda, P.   16
Molinari, E.   11
Monroe, B.   12
Montgomery, G. K.   10
Mueller, P. S.   10
Neilson, S.   10
Neimeyer, R.   10
Nishida, M.   63
Norris, Jr. F. H.   10
Olson, W. C.   23
Pagnini, F.   11
Pattee, G. L.   15
Pistrang, N.   144
Preissle, J.   32
Rau, M. T.   14
Real, R. G.   11
Robertson, J.   15
Robillard, A. B.   12
Robinson, I. C.   10
Rossi, G.   11
Sato, T.   19, 63, 144
Shank, R. C.   16
Stovall, E.   111
Tajfel, H.   89
Timonen, V.   10
Tsai, C. H.   14
Tullman, J.   14
Tutton, R.   90

Vernon, A.   138
Wang, L. F.   14
Weng, H. H.   14
Whyte, W. F.   22
Wile, N.   14
Wilson, C.   12
Wolfenberger, W.   112
Yasuda, Y.   19
Yorkston, K. M.   14

あ行
赤阪麻由   3, 112, 124, 128
朝田 圭   13, 17
朝日新聞   3, 4
綾部広則   87
荒川 歩   117, 141
蘭由岐子   25
磯村睦子   101
市山雅美   50, 123
伊藤哲司   33
稲永 努   58
ヴァルシナー（Valsiner, J.）   ii, 19, 145
ヴィゴツキー（Vygotsky, L. S.）   ii, 62, 63
ヴント（Wundt, W.）   22
衛藤幹子   3
江原由美子   84
江渕一公   22
大石由起子   58
大坂 純   8, 12
大野木裕明   23
大野英隆   50, 123
大橋英寿   22, 33
岡田 猛   90
岡部明子   34
岡本晃明   113
小川定男   4, 5
尾中文哉   31
尾野精一   43
尾見康博   20, 119

か行
樫田美雄   139

滑田明暢　141, 146
金澤一郎　1, 2
金田裕子　101
加納　圭　90
唐津ふさ　12
河合隼雄　34
川喜田二郎　96
川口有美子　4, 5, 17, 31, 32, 70, 113, 119, 143, 145
川添　登　20
川野健司　20, 119
川村佐知子　4, 5, 7, 32
川本静香　146
神崎真実　146
北村　文　140
北村弥生　12
喜多祐荘　34
木戸彩恵　146
木戸久美子　58
木下安子　5
木村文治　6
木村一信　145, 146
金　載烋　14
日下部治　88
葛原茂樹　1
久能由弥　10
厚生労働省　1
小池康晴　14
児島達美　124, 138, 139
小林明子　9
小林傳司　87, 88
子安増夫　69

さ行
西條美紀　88, 90
酒井義昭　4
作道信介　33
佐々木栄子　12
定延利之　86
佐藤郁哉　22, 38, 39
佐藤紀代子　141
佐藤　猛　6

サトウタツヤ　3, 19, 35, 65, 69, 110, 112, 114, 115, 117-119, 125, 126, 134, 140, 141, 146
佐藤哲彦　101
佐藤　誠　14
鹿毛雅治　130
芝池伸彰　4, 5
柴田貴美子　112
柴山真琴　22
シャルコー（Charcot, J. M.）　6, 66
荘島幸子　25
白井誠一郎　3
杉万俊夫　69, 144
杉山滋郎　88, 107
隅田好美　32
関野栄子　5
全国スモンの会　4
全国難病団体連合協議会　4
祖父江元　7

た行
高木仁三郎　87
高梨克也　90
高橋裕子　11
滝澤　誠　136
田窪行則　86
田坂さつき　50, 123
立岩真也　8, 31, 67, 68
田中博子　72
田中勇次郎　66
谷垣靜戸　12
谷口明子　33
チクセントミハイ（Csikzentmihalyi, M.）　62
土佐和男　7, 31
利島　保　16, 63
豊浦保子　67

な行
永井雅子　34
長岡紘司　17
中澤　潤　23

永田素彦　87, 90
中妻拓也　146
中藤良久　16
中邑賢龍　13, 63
中村政樹　88
仲山加奈子　14
難病情報センター　2, 6, 113
西川麦子　140
西村歌織　12
日本 ALS 協会　5, 36, 53, 67, 71, 145
能智正博　34
野川道子　12
野原佳代子　88

は行
橋本みさお　113, 119
浜田寿美男　69
濱　昌代　14
濱井裕也　16
林　典子　58
林　秀明　6, 65, 66
林洋一郎　23
原　昌平　17, 112
原野明子　23
樋口智和　14
樋口直人　131
日高友朗　3, 35, 50, 65, 112, 123, 125, 126, 137, 140
日立ケーイーシステムズ　71
日比野愛子　87, 90
平川秀幸　88
福田茉莉　141, 146
福田洋子　5
藤江康彦　29
藤田和夫　69
藤田雄大　4
舩後靖彦　34
フリック（Flick, U.）　63
ホーキング, S.　i
堀毛裕子　33

ま行
町田利章　101
松井謙二　16
松岡昌子　34
松田芳恵　11
松原洋子　35, 65, 125, 145
マリノフスキー（Malinowski, B. K.）　22, 32
水月昭道　35, 36, 50, 65, 123, 125, 126, 145
水町衣里　90
水町光徳　16
南　博文　20, 23
箕浦康子　23, 33, 38, 91
宮内　洋　84
宮嶋裕明　5, 65
みわよしこ　143
無藤　隆　91, 101, 116, 141
村本由紀子　89-91, 109
メリアム（Merriam, S. B.）　140
茂木俊彦　13, 17
望月　昭　38, 52, 62, 137
元木　環　90
森朋子　8
茂呂雄二　22

や行
八木保樹　137
矢倉紀子　12
安田裕子　114, 117, 141, 145
山内保典　90
山岸春江　5
山口裕幸　89
山崎敬一　84
山崎浩司　140
山崎摩耶　45
山下晋司　21
山田富秋　72, 73, 83, 84
やまだようこ　34, 69, 113, 114, 143
山手　茂　5, 7
山本　真　1, 7, 31
好井裕明　84

ら・わ行
寮美千子　34
ロックバーグ＝ハルトン（Rochberg-Halton, E.)　62
若林宏輔　146
渡辺崇史　57

事項索引

A-Z
ALS患者参加型企画　112
ALS生活技術研究会　65
focused ethnography　144
I-position（対話的自己理論）　38
KJ法　95

あ行
アクション・リサーチ　69
アシスティブ・テクノロジー（Assistive Technology, AT）　13
足場かけ　62, 144
厚い記述　33, 144
意思決定（人工呼吸器装着）　12
意思伝達装置　8
今までのALS観／新しいALS観　6
意味（の付与）　134
インタビュー法　23
うまくいった事例　69
エスノグラフィ　21, 32
オープン・コーディング　38
オープンシステム　21, 115

か行
解釈的・仮説生成的なアプローチ　22
会話的沈黙　135
会話分析（エスノメソドロジーの）　71-72
科学技術社会論（Science, Technology and Society、またはScience and Technology Studies, STS）　87
科学コミュニケーション　87
拡大代替コミュニケーション（Augmentative and Alternative Communication, AAC）　13
仮説生成　18
観察法（心理学における）　23
患者運動　4
企画運営　129

記号　19, 133
記述的理解　91
技術ピアサポート活動　36
共同発信者　124
筋萎縮性側索硬化症　6
グループ・ダイナミックス　89
研究過程（の記述）　139
研究倫理実践研究　139
権利擁護活動（アドボカシー）　36, 111, 138
「公的」コミュニケーション・サポート　68
行動的QOL　62
こころの自立　14
コミュニケーション支援　133-134
コミュニケーション障害　13, 66
コンセンサス会議　87

さ行
サイエンスカフェ　30, 88
サイエンスショップ　87
在宅療養　7, 31
先読み　136
参加構造　101
参与観察　22
自己　137
私語可能性　78
実存的支援　61
質的研究におけるサンプリング　33-34
疾病／病い　33
実名使用（ALS患者の）　38, 137
自分への置き換え　128
市民　94
市民科学　87
社会的アイデンティティ理論　89
社会文化的沈黙　135
集団／集合状況　89
主体　133
生（ライフ）　20, 124
状況的沈黙　135

自立／自律　38
事例　124
心理的支援　9
心理的沈黙　135
水平的人間関係　110
スーパースターモデル　113
スクリプト　16
生活心理学　20
生成的な機能（モデル化の機能）　143
宣言的知識／手続的知識　97
全制的施設　31
相互作用的沈黙　135
双方向コミュニケーション　73
疎外　4

た行
対人援助学　137
対人援助者　137
他立的自律　52
対話的自己理論　38
他律の回避　51
直交する時間軸　118
沈黙　82, 83
つなぎ援助　33
ディスコース分析　101
テーマありきの視点　140
テーマ的沈黙　135
テキスト的沈黙　135
当事者（当事者性）　130
当事者参加型授業　112
トータリー・ロックトイン・ステイト（Totally locked-in State, TLS）　7
トランスビュー（trans-view）　141

な行
難病　1

難病対策要綱　4
ノーマライゼーション　17, 112

は行
発生の三層モデル（Three Layers Model of Genesis, TLMG）　140
場の記述　25
病者が語る場　137
ファシリテーション　30
ファシリテーター　106, 108
ファシリテーター（の機能）　126
フィールドワーク／フィールドの選択　29
フィラー　86
副音声としてのチャット　78
複線径路・等至性アプローチ（Trajectory Equifinality Approach, TEA）　21, 114
複線径路・等至性モデル（Trajectory Equifinality Modeling, TEM）　114
不幸　143
文化心理学／比較文化心理学　19
偏見緩和　33
方法論的ブリコラージュ　116, 141

ま行
マイクロ・エスノグラフィ　23, 33
民族・文化心理学　22
モデルの機能　34-35
モデル化　113-114, 143
モデル生成　20, 29

ら行
ライフ・エスノグラフィ　63
リアルタイム・コミュニケーション　68
臨床心理学　11
倫理　139
ローカル・ノレッジ　60

初出一覧

はじめに　日高友郎（2012）．ライフ・エスノグラフィ―病いとともに生きる　サトウタツヤ・若林宏輔・木戸彩恵（編）　社会と向き合う心理学（pp. 151-165）東京：新曜社　※一部改稿

第1章　書き下ろし

第2章　書き下ろし

第3章　書き下ろし

第4章　書き下ろし

第5章　日高友郎・水月昭道・サトウタツヤ（2012）．神経難病患者の生を捉えるライフ・エスノグラフィ―在宅療養の場の厚い記述から　質的心理学研究, 11, 96-114.

第6章　日高友郎・水月昭道・サトウタツヤ・松原洋子（2007）．ITによるALS患者のコミュニケーション・サポートの場の分析　立命館人間科学研究, 15, 25-38.

第7章　日高友郎・水月昭道・サトウタツヤ（2014）．サイエンスカフェにおけるファシリテーターの集団維持機能：市民―科学者間の会話を支える要因に注目して　実験社会心理学研究, 54, 11-24.

第8章　書き下ろし

第9章（第4節のみ）
　　日高友郎（2015）．「研究倫理実践研究」としての研究過程の記述　質的心理学フォーラム, 7, 97-101.

著者紹介
日髙友郎(ひだか ともお)博士(文学)
2007 年 立命館大学文学部 卒業
2016 年 立命館大学大学院文学研究科博士後期課程修了
現　職　福島県立医科大学医学部衛生学・予防医学講座　学内講師

主要著作
日髙友郎・水月昭道・サトウタツヤ(2012).神経難病者の生を捉えるライフ・エスノグラフィー——在宅医療の場の厚い記述から　質的心理学研究, 11, 96-114.

コミュニケーション支援のフィールドワーク
神経難病者への文化心理学的アプローチ

2018 年 2 月 10 日	初版第 1 刷発行	定価はカヴァーに表示してあります

著　者　日髙友郎
発行者　中西　良
発行所　株式会社ナカニシヤ出版
〒606-8161　京都市左京区一乗寺木ノ本町 15 番地
　　　　　　　　　Telephone　075-723-0111
　　　　　　　　　Facsimile　 075-723-0095
　　　　Website　http://www.nakanishiya.co.jp/
　　　　Email　　iihon-ippai@nakanishiya.co.jp
　　　　　　　　　郵便振替　01030-0-13128

装幀＝白沢　正／印刷・製本＝創栄図書印刷株式会社

Fieldwork of communication support: Cultural psychological approach to the persons with neural intractable disease
Copyright © 2018 by T. Hidaka
Printed in Japan.
ISBN978-4-7795-1229-2 C3011

本書のコピー，スキャン，デジタル化等の無断複製は著作権法上での例外を除き禁じられています。本書を代行業者等の第三者に依頼してスキャンやデジタル化することはたとえ個人や家庭内の利用であっても著作権法上認められておりません。